10대를 위한
대담한 ESG 이야기

10대를 위한 대담한 ESG 이야기

초판1쇄 발행   2025년 12월 3일

지은이   유튜브 〈대담해〉·더나은미래
펴낸이   고용석
펴낸곳   다우출판
편집   고민주
디자인   임경선

출판등록   제2022-000009호(2022년 10월 21일)
주 소   경기도 과천시 별양상가2로 14 3층 307호
전 화   02-701-3443
이메일   onbooker@gmail.com

ISBN   978-89-88964-02-6 (43330)

10대를 위한
대담한
ESG
이야기

이 책을 추천합니다!

ESG는 더 나은 미래를 위해 우리가 반드시 함께 고민해야 할 주제입니다. 그러나 그 개념이 다소 추상적으로 느껴질 때가 많지요. 이 책은 그런 ESG의 핵심을 10대의 눈높이에 맞춰 쉽고 흥미롭게 풀어내고 있습니다.

환경을 지키고, 사회를 바꾸며, 지속 가능한 세상을 만들어가는 이야기가 생생하게 담겨 있습니다. 이 책을 통해 많은 청소년들이 '지속가능한 삶'을 자기 일처럼 생각하고, 행동으로 옮기는 용기를 얻길 바랍니다.

장이권(이화여자대학교 에코과학부/생명과학전공 교수)

이 책은 ESG의 개념을 쉽고 친근하게 설명하는 것을 넘어, 실제로 우리 일상과 밀접하게 연결된 다양한 인물들의 진솔한 이야기를 통해 청소년이 스스로 할 수 있는 작은 실천의 힘을 강조합니다. 한 사람이 바꾼 작은 행동이 학교와 사회 전체에 변화를 만들 수 있음을 일깨우며, ESG가 단순히 미래의 선택이 아닌 지금 우리가 지녀야 할 일상의 기준임을 보여줍니다. 이 책은 청소년으로 하여금 변화를 이끄는 주인공이 될 다짐과 삶의 태도로 받아들이게 하는 특별한 안내서가 될 것입니다.

김민석(김앤장 법률사무소 사회가치혁신그룹장)

"우리가 인류 마지막 세대가 되지는 않을까요?" 해마다 수백 명의 청소년들과 함께 유엔 SDGs 프로그램을 진행할 때면 곧잘 받게 되는 질문입니다. 그렇지 않다고 안심을 시키기엔 기후위기의 엄혹한 현실을 부정하기 어렵습니다.

그래서인지 ESG라는 '미래를 지속가능하게 할 방법'을 아이들이 스스로 이해하고, 자신의 이야기로 미래를 그려갈 수 있도록 돕는 이 책의 출간이 무척 반갑습니다. 함께 미래를 지키고 일궈 갈 주체로 아이들을 키워 내는 '대담한' 이 책이 널리 알려지고 사랑받길 바랍니다.

김용재(UN협회세계연맹 아태 국장, 한양대학교 국제학부 겸임교수)

어린이, 청소년을 위한 ESG 책이 나온다는 소식이 반가 웠습니다.

이 책은 단순히 ESG에 대해서 나열한 책이 아닙니다. 아이들에게 아름다운 미래를 연결하는 통로입니다. 환경(E), 사회(S), 지배구조(G), ESG의 개념을 어린이 눈높이에 맞춰 어린이도 작은 책임감과 연대의 마음을 가질 수 있게 합니다. 더 나아가 지금 내가 할 수 있는 작은 실천에 대해서 생각하고 스스로 옳은 선택을 할 수 있는 힘을 길러줍니다.

이 책이 어른들에게는 '다음 세대에게 어떤 세상을 물려 줄 것인가?' 하는 깊은 질문의 시작이 되고 아이들에게는 다음 미래를 향한 나침반이 되길 바랍니다.

남보라(배우, 사회적 기업 보라도리 대표)

이 책을 추천합니다

"지속가능성,
거창한 말 같지만
결국 '우리 이야기'예요"

세상에는 아직도 풀리지 않은 문제들이 많아요. 기후가 이상해지고, 쓰레기가 산더미처럼 쌓이고, 누군가는 일할 기회를 잃거나 차별을 겪기도 하죠. "이건 어른들의 문제잖아"라고 생각할 수도 있지만, 사실 지금의 지구는 우리 세대의 미래이기도 해요. 그래서 요즘은 학교에서도, 뉴스에서도, 기업에서도 'ESG'라는 말을 자주 하죠..

ESG는 영어 세 글자의 약자예요. Environmental(환경적인), Social(사회적인), Governance(지배구조적인). 우리말로 보통 '엔바이러멘탈', '소셜', '거버넌스'로 읽어요 처음 들으면 조금 딱딱하게 느껴지죠? 하지만 이렇게 생각해보세요.

- **E는 "지구가 숨 쉴 수 있을까?"**
  — 환경을 보호하고 기후를 지키는 일

- **S는 "모두가 함께 잘 살 수 있을까?"**
  — 사회 속에서 서로를 존중하고 공정하게 대하는 일

- **G는 "그 약속을 지키는 시스템이 있을까?"**
  — 조직이 투명하고 책임 있게 운영되는 일

이 세 가지 질문이 바로 ESG의 핵심이에요. 이는 따로 떨어진 주제가 아니라, '지속가능한 세상'을 만들기 위한 하나의 약속이에요. 그래서 ESG는 자주 '지속가능성(Sustainability)'이라는 말과 함께 쓰입니다.

'지속가능성'이란 지금 세대가 필요한 것을 채우면서도, 미래 세대가 살아갈 자원과 기회를 해치지 않는 것을 뜻해요. 다시 말해, 지구와 사회가 오래도록 건강하게 이어질 수 있도록 지금의 생활방식과 선택을 바꾸는 생각과 실천이에요.

이제는 'ESG'가 기업 보고서 속 전문 용어가 아니라, 학교·언론·정책까지 확산된 일상의 언어, 즉 '이에스지'로 읽히는 고유명사가 되었어요. 그만큼 '지속가능성'이 더 이상 특별한 주제가 아니라 지금 우리가 살아가는 시대의 새로운 상식이 되었다는 뜻이죠.

이 책은 그런 변화에서 출발합니다. '지속가능성'을 어려운 개념이 아니라 우리 삶의 이야기로 풀어내고, 10대의 시선으로 "지금, 우리가 던져야 할 질문들"을 함께 찾아가려 합니다.

자세한 내용은 이제부터 함께 알아봅시다.

1장은 "왜 지금 우리에게 ESG가 필요할까?"라는 물음으로 시작해요. 교과서보다 쉽게, 뉴스보다 가깝게 ESG의 기본을 풀어봅니다.

2장은 삶의 전환점에서 '지속가능성'을 고민한 사람들의 이야기예요. 축구선수에서 장애인권 활동가가 된 사람, 배우에서 사회적 기업가로 변신한 사람, 올림픽의 '친환경'을 고민하는 변호사까지. 각자의 선택 안에는 '세상을 바꾸는 방향'이 숨어 있죠.

3장은 지속가능한 미래를 상상하고 실제로 설계하는 사람들의 현장을 담았어요. 쓰레기를 예쁜 가방으로 바꾸는 디자이너, 깨끗한 물순환 도시를 꿈꾸는 교수, 미세먼지와 싸우는 연구자처럼요. 그들의 실험은 "변화는 멀리 있지 않다"는 걸 보여줍니다.

4장은 ESG를 지금 이 시대의 언어로 말하는 전문가들의 생각을 담았어요. 기업의 역할, 신뢰의 문제, 그리고 기후위기 속에서 우리가 어떤 결정을 내려야 하는지 함께 고민합니다.

'대담한 ESG 이야기'라는 제목에는 두 가지 뜻이 있어요. 하나는 '용기 있게 질문하는 대담함', 또 하나는 '대화를 통해 배우는 대담(對談)'이에요.

그리고 하나 더, ESG 유튜브 채널 '대담해'의 이름도 함께 담고 있습니다. '대담해'는 LG화학과 희망친구 기아대책이 함께 만든 ESG 콘텐츠 채널이에요. 다양한 분야의 전문가들과 함께 ESG 주제에 대해 묻고 답하며 "지속가능성이란 무엇일까?", "우리는 어떤 변화를 만들어갈 수 있을까?" 같은 질문을 던집니다.

이 책은 바로 그 '대담해'의 대화들에서 출발했어요. 영상으로 다 담지 못한 이야기와 그 속에서 피어난 생각의 씨앗들을 모아, 세상을 바꾸는 건 거창한 선언이 아니라 묻고 듣고 생각하는 과정에서 시작된다는 걸 전하고 싶었습니다.

이 책이 여러분에게 그런 대화의 시작이 되길 바랍니다.

"나는 어떤 세상에서 살고 싶은가?"

그 질문을 품는 순간, 여러분은 이미 ESG를 실천하고 있는 거예요.

-더나은미래

차례

1장 ## 우리에게는 'ESG'가 필요합니다

2장 ## 삶의 전환점에서 지속가능성을 묻다

1장

우리에게는
'ESG'가 필요합니다

이 장에서는 ESG가 무엇을 뜻하는지, 왜 '지속가능성'이 단순한 유행이 아니라 삶을 이어가기 위한 이야기인지 살펴봅니다. 기후 변화와 사회적 불평등 속에서 ESG가 왜 필요한지, 그리고 그것이 나와 어떤 관계가 있는지를 함께 생각해볼 거예요. 낯선 개념을 쉽게 풀어주는 첫걸음이자, 앞으로 이어질 이야기들을 이해하는 출발점이 될 겁니다.

우리, 이대로도
괜찮을까요?

요즘 날씨가 조금 이상하지 않나요? 여름엔 너무 더워서 밖에 나가기 힘들고, 비는 한 번 오면 며칠씩 쏟아져요. 봄에는 미세먼지가 많아 창문을 열기 어렵고, 가을은 너무 짧게 지나가 버렸죠. 예전에는 "사계절이 뚜렷한 나라"라고 배웠는데, 이제는 그런 말이 어색하게 느껴질 때가 많아요. 산불이 자주 나고, 홍수로 길이 잠겼다는 뉴스도 심심치 않게 들려요. 예전엔 멀게 느껴지던 기후 변화가, 이제는 우리가 직접 느끼는 일이 됐어요.

이상기후는 더 이상 뉴스 속 이야기가 아닙니다. 여름엔 폭염 때문에 등교 시간이 조정되고, 태풍이 오면 학교가 문을 닫기도 하죠. 장마가 길어지면 농산물 가격이 오르고, 급식 메뉴도 바뀌어요. 친구들이

랑 놀이터에서 놀다가 폭염 경보 문자를 받은 적도 있지 않나요? 이건 단순히 날씨의 변화가 아니라, '우리 세대의 일상'이 됐습니다.

이런 변화는 기후만의 문제가 아니에요. 동시에 사회문제도 점점 심해지고 있어요. 경제적인 격차가 커지고, 서로 다른 생각을 존중하기보다 싸움이 먼저 시작되기도 하죠. 온라인에서는 누군가를 비난하거나 비교하는 일이 너무 쉽게 일어나요. 물가가 오르면서 부모님이 외식 한 번 하기도 부담스럽고, 용돈으로 살 수 있는 것도 점점 줄어들고 있어요. SNS에서는 누가 더 비싼 걸 샀는지, 누가 더 멀리 여행을 갔는지가 화제가 되죠. 그러다 보니 누군가는 더 뒤처진 것처럼 느끼고, 누군가는 스스로를 비교하며 지치기도 해요.

이런 변화 속에서 사람들은 고민하기 시작했어요. "이대로 괜찮을까?", "지금처럼 쓰고 버리고, 경쟁만 하다 보면 결국 지구와 사람 모두 힘들어지는 건 아닐까?" 그 질문에서 나온 답 중 하나가 바로 ESG예요.

미래를 바꾸는 세 글자, ESG

ESG는 '환경적(Environmental)', '사회적(Social)', '지배구조적(Governance)' 이라는 세 단어의 첫 글자를 따서 만든 말이에요. 여기서 중요한 건, 이 단어들이 명사(environment, society)가 아니라 형용사(environmental, social)라는 점이에요. 즉, '환경 그 자체'보다 '환경적인 태도', '사회'보다 '사회적인 책임'을 뜻해요. ESG는 세상을 바라보는 방식과 태도를 말하는 거예요. 처음 들으면 어려운 말 같지만, 사실은 아주 단순한 생각입니다. "지구를 아끼고, 사람을 소중히 여기고, 정직하게 일하자." 바로이 세 가지를 잊지 말자는 약속이에요. 그러니까 여러분이 지금 이런 것들에 대해 질문하고 대화하고 관심을 갖는 것만으로도 이미 훌륭한 '태도'를 갖췄다는 거죠.

이 말이 처음 세상에 등장했을 땐, "착한 일을 하자"보다 "나쁜 일을 하지 말자"에 더 가까웠어요. 왜냐하면 환경을 오염시키거나, 사람을 함부로 대하거나, 거짓으로 회사를 운영하면 결국 그 피해가 회사로 돌아왔거든요. 아무리 돈을 많이 벌어도 사람들의 신뢰를 잃으면, 그 회사는 오래갈 수 없었어요. 그래서 기업들은 "이런 위험을 미리 막자"는 생각을 하게 됐어요.

이런 변화는 '투자자'들 사이에서 먼저 시작됐어요. 투자자는 회사를 믿고 돈을 맡기는 사람들이에요. 그들은 "이 회사가 지금은 돈을 잘 벌어도, 환경을 망치거나 사람을 힘들게 하면 언젠가는 위험해질 거야."라고 생각했어요. 그래서 회사의 성적표를 볼 때는 돈(매출이나 이익)만이 아니라, 그 회사가 세상에 어떤 영향을 남기고 있는지도 함께 살펴보기 시작했어요. 예를 들어 공장이 환경을 오염시키는지, 일하는 사람들을 공정하게 대하는지, 회사가 정직하게 운영되는지를 보는 거예요. 그렇게 해서 생긴 기준이 바로 ESG예요.

그런데 시간이 지나면서 세상은 더 빠르게 변했어요. 예전엔 기업이 돈만 잘 벌면 박수를 받았지만, 이제는 그렇지 않아요. 환경을 파괴하거나, 일하는 사람을 소모품처럼 다루거나, 거짓된 경영을 하면 금세 알려지는 세상이 되었거든요. 뉴스를 보면 환경오염 사고나 기업의 비리가 순식간에 퍼지고, SNS에서는 소비자들이 불매운동을 벌이기도 해요. 반대로 환경을 지키고 정직하게 일하는 회사는 "돈쭐을 내주자!"며 응원받기도 하죠. 결국 '돈을 버는 방법'이 기업의 미래를 결정하게 된 거예요.

이런 일들이 반복되면서 사람들의 생각도 달라졌어요. "돈을 많이 버는 것보다, 올바르게 버는 게 더 중요하다." ESG는 그 생각을 행동으로 바꾸는 약속이 되었어요. 처음엔 위험을 막기 위한 약속이었지만, 이제는 '신뢰를 쌓는 약속'으로 자리잡았어요. 사람들은 정직하고 투명한 회사를 더 믿고, 그런 회사는 더 많은 손님과 인재를 모았어요. 환경을 지키는 기술은 새로운 산업이 되었고, 사회를 생각하는 기업은 더 큰 존경을 받았어요. ESG는 '비용'이 아니라 '기회'로 바뀌었어요.

이제 ESG는 기업의 문제가 아니라 모두의 이야기가 됐어요. 정부는 정책을 만들 때 ESG를 기준으로 삼고, 학교에서는 환경과 인권 수업이 늘었어요. 예전엔 기업만 보고서를 냈지만, 지금은 개인도 자신의 생활 속에서 ESG를 실천하고 있어요. 물건을 살 때 "이 브랜드는 환경을 해치지 않았을까?"를 고민하고, 친구와의 대화에서도 "이건 좀 불공평하지 않을까?"를 생각하게 되죠. 이렇게 ESG는 '경영 전략'을 넘어서, 우리가 살아가는 문화가 되었어요.

이제는 누가 시켜서 하는 게 아니라, 스스로 필요하다고 느껴서 하는 시대예요. 카페에서 텀블러를 쓰거나, 장을 볼 때 장바구니를 챙기거나, 온라인에서 누군가를 함부로 비난하지 않는 일. 이런 작은 행동들이 모두 ESG의 일부예요. 우리 사회는 점점 '착한 일을 하는 사람'을 응원하고, '정직한 회사를 선택하는 소비자'가 많아지고 있어요. 즉, ESG는 특별한 사람만의 이야기가 아니라, 우리가 매일 조금씩 만들어가는 일상이에요.

이제 이 세 글자가 담고 있는 뜻을 하나씩 살펴보려 해요. '환경적(Environmental)'은 지구를 지키는 일, '사회적(Social)'은 사람 사이의 관계를 따뜻하게 만드는 일, '지배구조적(Governance)'은 모두가 믿을 수 있도록 공정하게 결정하는 구조를 만드는 일이에요. 말은 조금 어려워도, 사실은 모두 우리가 이미 알고 있는 '상식'과 '배려'의 다른 이름이에요. 이제 그 이야기를 하나씩, 천천히 들여다볼까요?

E : 지구가 힘들면 우리도 힘들어요

Environmental이라는 것은 무엇을 말할까요? 말은 조금 낯설지만, 쉽게 말하면 '지구를 아끼는 일'을 뜻해요. 우리가 사는 지구는 지금 조금씩 아파하고 있어요. 여름엔 폭염으로 잠을 설치고, 갑자기 쏟아지는 비 때문에 등교가 미뤄지기도 하죠. 바다의 온도가 오르면서 해양 생물이 서식지를 옮기고, 북극의 얼음이 녹아 북극곰이 설 자리를 잃었어요. 이런 일들은 멀리 떨어진 일이 아니라 바로 우리의 일상과 이어져 있어요.

학교 급식실에도 이런 변화가 찾아왔어요. 폭염 때문에 채소 값이 크게 오르면서 메뉴가 바뀌기도 하고, 태풍으로 농작물이 쓰러져서 식

재료 공급이 어려워지기도 해요. 친구들과 소풍을 갔는데 꽃이 너무 일찍 피어서 시들어버렸다는 이야기도 들어봤을 거예요. 기후 변화는 이제 '환경 뉴스'가 아니라 '우리의 생활 뉴스'가 됐어요.

그래서 사람들은 "이제는 달라져야 한다"고 생각하기 시작했어요. 에너지를 절약하고, 쓰레기를 줄이고, 다시 쓸 수 있는 자원을 찾는 움직임이 커졌어요. 태양과 바람으로 전기를 만드는 재생에너지 발전소가 생기고, 버려진 플라스틱을 녹여 다시 제품으로 만드는 기술이 발전했죠. 기업뿐 아니라 개인도 참여하고 있어요. 카페에서 일회용 컵 대신 텀블러를 쓰고, 장을 볼 때는 장바구니를 챙기는 사람도 많아요.

환경을 위한 행동은 사소해 보여도 큰 변화를 만들어요. 예를 들어, 플라스틱 빨대를 하루에 한 개만 덜 써도 1년이면 365개가 줄어들죠. 전국의 학생들이 함께 하면 그 수는 수백만 개가 돼요. 학교에서 전등을 끄고, 쓰지 않는 교실의 냉난방을 줄이는 것도 같은 의미예요. 이런 작은 실천들이 쌓이면 지구의 온도를 1℃ 낮출 수 있다고 해요.

기후 위기는 멀리 있는 거대한 문제가 아니에요. 지금 이 순간 우리가 살아가는 세상을 지키는 일과 바로 이어져 있어요. 그렇다고 거창한 행동이 필요한 건 아니에요. 완벽하게 지키는 사람보다는, 오늘 한 번이라도 생각해 보는 사람이 세상을 바꿔요. 때로는 깜빡할 수도 있고, 귀찮을 때도 있겠죠. 하지만 "내일은 다시 해봐야지" 하는 마음이 지구를 지탱하는 힘이 돼요. 중요한 건 포기하지 않는 거예요. 환경을 지킨다는 건 거대한 희생이 아니라, 오래도록 함께 살고 싶은 마음에서 시작되는 일이니까요. 지구가 건강해야 우리의 내일도 계속될 수 있으니까요.

S : 함께 살아가는 세상을 만드는 힘

Environmental이 지구의 문제라면, Social은 사람의 문제예요. 사회적이라는 건 함께 살아가는 사람들 사이에서 서로를 존중하고, 다름을 받아들이며, 공정하게 대하는 걸 말해요.

요즘 우리는 다양한 사회문제를 매일 마주하고 있어요. 뉴스에서는 차별, 따돌림, 혐오 같은 단어가 자주 등장하죠. 온라인에서도 누군가를 놀리거나 비난하는 글이 쉽게 퍼져요. 다른 의견을 말했을 뿐인데 욕설이 달리거나, 실수 하나로 그 사람의 모든 노력이 무시되기도 해요. 이런 일들이 반복되면 사람들은 서로를 믿지 못하고, 결국 사회 전체가 불안해집니다.

하지만 다행히 변화의 움직임도 있어요. 학교에서 서로의 다름을 이해하기 위한 다양성 수업을 하거나, 친구와의 갈등을 대화로 풀어보는 프로그램이 생기고 있죠. 드라마 자막이 더 자세해지고, 영화관에서는 청각장애인을 위한 수어 통역이나 음성 해설이 제공되기도 해요. 모두가 함께 즐길 수 있는 세상을 만들기 위한 작은 변화예요.

또 SNS에서도 긍정적인 변화가 생기고 있어요. 누군가를 조롱하거나 비난하는 댓글 대신, "그건 좀 심하지 않아요?", "그렇게 말하면 상처

받을 수 있어요."라고 말하는 목소리가 늘고 있어요. 친구가 힘들어할 때 '괜찮아?'라고 먼저 말 걸어주는 것도 S의 한 모습이에요.

S는 결국 '누구도 소외되지 않는 세상을 만들기 위한 약속'이에요. 사회는 연결되어 있어요. 한 사람이 배제되면, 사회 전체가 흔들려요. 반대로 모두가 존중받을 때, 그 사회는 튼튼해지고 따뜻해집니다. 그래서 S는 우리가 어떤 태도로 살아갈지를 묻는 말이에요.

G : 공정한 구조가 세상을 바꿔요

Governance, 거버넌스? 이름은 조금 어렵지만, 뜻은 단순해요. '공정하고 투명한 결정'이에요. 무언가를 정할 때, 누가 어떤 이유로, 어떤 과정을 거쳐 결정했는지가 중요하다는 뜻이에요.

학교에서 반장 선거를 할 때 일부 친구들끼리만 몰래 정한다면 불공평하겠죠. 그래서 투표를 하고, 회의 내용을 공개하는 거예요. 그래야 모두가 납득하고, 결과를 신뢰할 수 있죠. 기업도 마찬가지예요. 회사의 돈을 어떻게 쓰는지, 의사결정이 누구에게 유리한지 공개해야 신뢰가 생겨요.

우리 생활에서도 G의 의미는 자주 등장해요. 동아리에서 대표가 혼자서 정하지 않고, 구성원 모두의 의견을 듣는 일. 팀 프로젝트를 할 때 역할을 공평하게 나누는 일. 또 SNS에서 떠도는 정보를 바로 믿지 않고, 사실인지 확인하는 습관도 G의 한 부분이에요. 왜냐하면 공정하고

10대를 위한 대담한 ESG 이야기

투명한 판단이 있어야 사회 전체가 믿음을 유지할 수 있기 때문이에요.

지배구조는 결국 '신뢰의 구조'를 만드는 일이에요. 약속이 지켜지고, 과정이 공개되고, 잘못이 생겼을 때 책임을 인정할 수 있는 사회. 그게 바로 모두가 안심할 수 있는 세상이에요. G는 정직한 개인의 태도에서 시작하지만, 사회 전체의 신뢰로 이어지는 가치예요.

E, S, G는 따로 떨어진 개념이 아니에요. 환경이 무너지면 사회가 불안해지고, 사회가 불공정하면 믿음이 사라져요. 지구가 건강하고, 사람 사이가 따뜻하고, 약속이 지켜지는 구조가 있을 때 비로소 세상은 제대로 돌아갑니다. ESG는 그런 세상을 위한 세 가지 약속이에요. 그리고 이 약속은 기업만의 것이 아니라, 지금을 살아가는 우리 모두의 삶의 기준이 되고 있어요.

전 세계가 함께 약속한 '지속가능한 미래'

ESG는 지구와 사람, 그리고 우리가 함께 살아가는 방식을 새롭게 정리한 약속이에요. 그런데 이 약속은 갑자기 생긴 게 아니에요. 전 세계가 함께 '지속가능한 미래'를 만들기 위해 세운 하나의 큰 목표에서 시작됐어요. 그 목표가 바로 '**지속가능발전목표(Sustainable Development Goals)**'이며 머리글자를 따 SDGs라고도 표기합니다. 우리말로 읽을 땐 '에스디지에스'라고 읽습니다.

2015년, 유엔은 세계가 함께 해결해야 할 17가지 과제를 정했어요. 가난을 없애고, 교육의 기회를 넓히고, 성평등을 이루고, 깨끗한 물과 에너지를 보급하고, 기후 변화에 대응하는 일들처럼요. 숫자로 나열하면 단순해 보이지만, 그 안에는 "모두가 행복하게 오래 살아갈 수 있는 세상"을 만들겠다는 커다란 꿈이 담겨 있어요. SDGs는 바로 '어떤 세상을 만들지'에 대한 인류의 약속이에요.

이 목표들은 단지 정부나 국제기구만의 일이 아니에요. 우리 일상과도 밀접하게 연결돼 있어요. '양질의 교육'은 모든 아이가 사는 곳이나 형편에 상관없이 배우고 성장할 수 있어야 한다는 뜻이에요. '기후행동'은 우리가 오늘 내뿜은 온실가스가 내일의 폭염으로 돌아올 수 있다는 사실을 잊지 말자는 경고죠. '성평등'은 여자와 남자가, 그리고 모든 사람이 같은 기회를 가질 수 있는 사회를 만들자는 약속이에요. 또 '불평등 완화'는 서로 다른 출발선에서 시작하더라도 함께 도착할 수 있는 세상을 꿈꿔요.

SDGs 17개 목표(출처 : UN SDGs 협회)

번호	목표	설명
1	빈곤 종식 No Poverty	모든 사람이 가난에서 벗어나 살 수 있는 세상을 만들자
2	기아해결 Zero Hunger	배고픔이 없는 세상, 건강하고 충분한 음식을 나누는 사회를 만들자
3	건강과 복지 Good Health and Well-Being	건강하게 살아가며 마음까지 행복한 삶을 지켜가자
4	양질의 교육 Quality Education	차별 없이 좋은 교육을 받고, 배움이 이어지는 세상을 만들자
5	성평등 Gender Equality	성별에 상관없이 모두가 동등한 권리를 누리자
6	깨끗한 물과 위생 Clean Water and Sanitation	깨끗한 물과 위생을 누구나 쉽게 이용할 수 있게 하자
7	지속가능한 청정에너지 Affordable and Clean Energy	깨끗하고 저렴한 에너지가 모든 사람에게 닿도록 하자
8	좋은 일자리와 경제성장 Decent Work and Economic Growth	사람과 지구가 함께 성장하는 경제, 모두에게 좋은 일자리를 만들자
9	산업혁신과 사회기반 시설 Industry, Innovation and Infrastructure	튼튼한 사회기반과 기술혁신으로 더 나은 세상을 만들자
10	불평등 해소 Reduced Inequalities	불평등을 줄이고 공정한 기회를 넓히자
11	지속가능한 도시와 공동체 Sustainable Cities and Communities	안전하고 살기 좋은 도시와 마을을 함께 만들어 가자
12	지속가능한 생산과 소비 Responsible Consumption and Production	자원을 아끼고, 책임 있게 쓰고, 현명하게 버리자

10대를 위한 대담한 ESG 이야기

13	기후변화 대응 Climate Action	기후변화에 대응해 지구의 미래를 지키자
14	해양생태계 보존 Life Below Water	바다와 해양 생물을 보호하고 깨끗하게 유지하자
15	육상생태계 보호 Life on Land	숲과 땅, 생명을 돌보며 자연과 함께 살아가자
16	평화, 정의, 강력한 제도 Peace, Justice and Strong Institutions	평화롭고 공정한 사회를 만들고, 정의가 통하는 세상을 지키자
17	글로벌 파트너십 Partnerships for the Goals	모두가 힘을 합쳐 지속가능한 세상을 함께 만들어 가자

SDGs는 총 17개의 목표로 이루어져 있어요. 이 목표들은 크게 세 가지 방향으로 나눌 수 있어요.

하나는 사람이 행복하게 사는 세상, 또 하나는 지구가 건강하게 유지되는 세상, 마지막은 모두가 공정하게 살아가는 세상이에요.

먼저 사람을 위한 목표에는 '빈곤 퇴치', '기아 종식', '건강과 복지', '양질의 교육'이 있어요. 누구도 배고프지 않고, 아플 때 치료받을 수 있고, 태어난 곳이나 가정 형편에 상관없이 배울 수 있는 세상을 꿈꾸죠. '성평등'도 여기에 포함돼요. 여자와 남자, 그리고 어떤 배경을 가진 사람이든 차별 없이 존중받을 수 있는 사회를 만드는 거예요. 이건 단지 누군가의 권리를 지키는 게 아니라, 더 많은 사람이 함께 성장할 수 있도록 돕는 일이에요.

지구를 위한 목표에는 '깨끗한 물과 위생', '깨끗한 에너지', '기후 행동', '해양 생태계 보호', '육상 생태계 보전'이 있어요. 지구의 자원은 무한하지 않기 때문에, 우리가 지금처럼 아무 생각 없이 쓰고 버리면 언젠가 모두 사라질지도 몰라요. 그래서 물을 아껴 쓰고, 플라스틱을 줄이고, 나무를 심는 일 같은 아주 작은 실천이 중요해요. 기후 변화로 인한 폭염과 홍수, 미세먼지 같은 문제들은 결국 우리 삶과 직접 이어져 있기 때문이에요.

그리고 마지막으로는 사회의 질서를 위한 목표들이 있어요. '불평등 완화', '양질의 일자리와 경제 성장', '산업과 혁신', '평화와 정의', '파트너십을 통한 협력' 등이 여기에 들어가요. 이 목표들은 나라와 사람, 세대와 세대가 서로를 이해하고 공정하게 협력할 때 가능해요. 예를 들어, 공정한 일자리를 만드는 기업, 투명하게 일하는 정부, 그리고 서로를 신뢰하는 시민이 함께할 때 이 목표는 실현될 수 있죠. 결국 SDGs는 지구와 사회, 그리고 사람 모두가 함께 살아남는 방법을 찾기 위한 약속이에요.

SDGs는 멀리 있는 이야기처럼 보이지만, 하루를 찬찬히 보면 여기저기에서 마주치게 돼요. 아침에 일어나 세면대 물을 잠그는 순간은 깨끗한 물과 위생을 떠올리게 하고, 등굣길에 대중교통을 이용하는 선택은 기후 행동과 닿아 있어요. 급식 시간에는 남기지 않으려는 마음이 기아 종식과 연결되고, 체육 시간에 안전을 지키는 태도는 건강과 복지와 이어져요. 점심시간에 서로의 자리 문화를 존중하는 일은 불평등 완화의 시작이고, 동아리 시간에 새로운 아이디어를 시도하는 순간은 산업과 경영에서 혁신을 꾀하는 것과 같은 일을 연습하는 것으로 생각하면 됩니다. 방과 후 친구와의 갈등을 말로 풀어내는 선택은 평화와 정의와 가까워지고, 학교 밖에서 지역 축제나 봉사에 참여하는 건 파트너십을 배우는 일이죠. SDGs는 특별한 행사가 아니라, 우리가 매일 반복하는 작은 선택 속에서 자라요.

SDGs는 "무엇을 바꿔야 하는가"에 대한 목표예요. 하지만 목표만으로 세상은 바뀌지 않아요. 중요한 건 '어떻게 바꿀 것인가'예요. 바로 그 '방법'을 제시하는 게 ESG예요. SDGs가 미래의 방향을 그린 지도라면, ESG는 그 길을 실제로 걸어가는 방법이에요.

예를 들어, '기후변화에 대응한다'는 SDGs 목표를 실천하려면 기업은 탄소를 덜 배출하는 방식으로 일하고, 정부는 관련 제도를 만들며, 우리는 일상 속에서 에너지를 아껴 써야 해요. '성평등'을 이루기 위해서는 학교나 회사가 차별 없는 문화를 만들고, 개인은 서로를 존중하는 언어를 선택해야 해요. 이렇게 각자의 자리에서 행동으로 옮길 수 있게 도와주는 게 바로 ESG의 역할이에요.

세상은 지금 아주 빠르게 바뀌고 있어요. 기술은 발전하지만, 그만큼 새로운 문제가 생기죠. 환경은 불안해지고, 사회는 복잡해지고, 신뢰를 잃은 결정이 자주 일어나요. 이런 시대일수록 '지속가능성'이 중요해요. 지속가능하다는 건 단순히 오래가는 게 아니라, "내가 사는 세상이 내일도 안전하게 계속될 수 있도록 하는 것"이에요. 그래서 ESG는 그 지속가능성을 실제로 만들어 가는 구체적인 방법이에요. SDGs가 '미래의 그림'을 그렸다면, ESG는 그 그림을 현실로 옮기는 손과 발이에요.

이제 세상은 '돈을 얼마나 버느냐'보다 '어떤 가치를 지키며 돈을 버느냐'를 더 중요하게 생각해요. 기업이 ESG를 실천하는 이유도, 투자자들이 그걸 기준으로 회사를 평가하는 이유도 결국은 같은 곳을 바라보기 때문이에요. '우리 모두가 오래, 함께 살아갈 수 있는 세상' 말이에요. 그래서 ESG는 어른들만의 이야기가 아니라, 모두가 함께 만들어 가야 하는 공동의 약속이에요.

작은 선택이 만드는
큰 변화

'지속가능성'이라는 말은 어쩐지 어려운 말처럼 들리지만, 사실은 우리가 매일 살아가는 일상 속에 숨어 있습니다. 오늘 사용하는 전기, 사 먹는 간식, 친구에게 건네는 한마디가 모두 내일의 세상과 연결되어 있죠. '지속가능한 소비'는 필요 이상으로 사지 않는 것에서 시작되고, '지속가능한 관계'는 상대를 존중하는 마음에서 출발합니다. ESG는 이런 작은 선택이 모여 만들어지는, '지속가능한 내일의 언어'예요.

ESG는 단순히 기업이나 어른들의 이야기가 아니에요. 지금의 10대가 자라서 세상을 이끌게 될 때, ESG는 '선택'이 아니라 '기본'이 될 거예요. 앞으로의 세상에서는 어떤 직업을 가지든, 어떤 분야에서 일하든 환경적·사회적·공정한 생각을 가진 사람이 필요하거든요. 예전엔 돈을 많이 버는 게 성공의 기준이었지만, 이제는 '어떤 가치를 지키면서 돈을 버는가', '세상에 어떤 영향을 남기는가'가 더 중요해졌어요.

지금의 10대는 이미 그 변화를 몸으로 느끼는 세대입니다. 기후 변화로 학교 일정이 달라지고, 미세먼지 때문에 운동장이 비는 날도 많아졌죠. 여름이면 전기요금이 걱정되고, 겨울엔 눈 오는 날이 줄었어요. SNS에서는 차별이나 혐오 발언이 빠르게 퍼지며 누군가를 상처 입히기도 합니다. 환경(E)과 사회(S)가 이제는 뉴스 속 단어가 아니라, 우리가 직접 겪는 현실이 된 거예요.

하지만 이런 변화를 바꾸는 힘도 우리에게 있습니다. 교실 불을 먼저 끄는 학생, 텀블러를 챙기는 습관, 급식에서 음식을 남기지 않으려는 약속, 친구가 소외되지 않게 먼저 말을 건네는 일, 학생회 회의 결과를 공개하는 문화—이 모든 게 ESG예요. 눈에 띄지 않는 행동이지만, 이런 실천이 모이면 교실의 분위기, 학교의 문화, 지역의 환경이 바뀌어 갑니다. 세상을 바꾸는 일은 거대한 계획보다 조용한 결심에서 시작됩니다.

ESG를 배운다는 건 단순히 지식을 외우는 게 아니라, 세상을 바라보는 '시선'을 기르는 일이에요. "왜 이렇게 되는 걸까?", "더 좋은 방법은 없을까?", "내가 바꿀 수 있는 건 무엇일까?" 이런 질문이 바로 출발점이죠. 과학 시간에 에너지를 배운다면 교실의 전기 사용을 점검해 보고, 사회 시간에 불평등을 다룬다면 우리 반의 규칙을 공정하게 바꿔보는 것. 이렇게 배운 것을 일상에 연결하는 순간, 지식이 행동으로 자랍니다.

일상 속 ESG 액션 플랜

처음엔 "이런 작은 행동이 무슨 의미가 있을까?" 싶을 수도 있어요. 하지만 모든 변화는 누군가의 조용한 선택에서 시작됩니다. 거창하지 않지만, 지금 바로 실천할 수 있는 변화의 첫걸음이에요.

내가 사는 공간부터 바꾸기

- 플라스틱 컵 대신 텀블러 사용하기
- 교실 불 끄기, 창문 열어 환기하기
- 전기 절약의 날을 지정해 함께 실천하기
- 중고책·중고물품 거래로 자원 순환하기
- 지역 축제나 행사에서 일회용품 줄이기 캠페인 참여

서로를 존중하는 관계 만들기

- 급식 잔반 줄이기 캠페인 참여
- 친구가 소외되지 않게 먼저 인사하기
- 부당한 일이 보이면 "그건 잘못됐어요"라고 말하기
- 차별·혐오 표현을 보았을 때 침묵하지 않기
- 함께 공부하고 도와주는 문화 만들기

공정하고 투명한 습관 기르기

- 학급 회의 내용 공유하고 약속 지키기
- 의견이 다를 때 화내지 말고 끝까지 듣기
- 규칙을 함께 만들고 함께 지키기
- "왜 이렇게 되는 걸까?" 질문하며 개선점 찾기

ESG는 거대한 목표가 아니라, 지속가능한 삶의 연습이에요. 완벽하지 않아도 괜찮아요. 중요한 건 "지금 이 자리에서 내가 무엇을 바꿀 수 있을까?"를 스스로 묻는 마음입니다.
그 마음이 모이면, 지구도 우리의 하루도 조금씩 달라질 거예요.

지금 우리에게
'ESG'가 필요한 이유

세상은 앞으로 훨씬 복잡해질 거예요. 인공지능이 일자리를 바꾸고, 기후 변화가 생활 리듬을 흔들겠죠. 그렇기에 중요한 건 '얼마나 많이 아는가'가 아니라, '어떤 방향으로 선택하는가'입니다. 기술이 아무리 발전해도, 그것을 어떻게 쓰느냐는 결국 사람의 가치관이 결정하니까요. 예전엔 '돈을 얼마나 버느냐'가 성공의 기준이었다면, 이제는 '올바른 가치관을 지키며 돈을 버느냐', '어떤 세상을 후대에 남기느냐'가 중요해졌습니다. ESG는 바로 그 방향을 세우는 언어예요.

이미 많은 10대들이 스스로 움직이고 있어요. 플로깅(조깅하며 쓰레기를 줍는 활동)에 참여하거나, 공정무역 제품을 고르고, 학교나 마을 축제를 '일회용품 없는 행사'로 기획하죠. 어떤 학생은 중고책을 사고팔며 자원을 아끼고, 또 어떤 학생은 채식 식단을 실천하죠. 이런 행동은 누가 시켜서 하는 게 아니라, 스스로 필요하다고 느껴 시작한 변화입니다. 이 세대의 실천은 '운동'이 아니라 '문화'로 자라고 있어요.

처음부터 완벽할 필요는 없어요. 중요한 건 "지금 여기서" 한 걸음을 내딛는 용기입니다. 오늘은 텀블러를 챙기고, 내일은 전기 절약을 시도하고, 모레는 온라인에서 정보를 확인하고 공유하는 것. 이렇게 한 사람의 행동이 옆 사람의 생각을 바꾸고, 그 생각이 또 다른 행동을 만들어냅니다. 변화는 그렇게 이어지고, 퍼지고, 자라납니다.

이제 우리는 ESG가 단순히 환경 보호를 위한 지식이 아니라, '살아가는 방식'이라는 걸 알게 되었어요. 지구를 아끼는 마음, 사람을 존중하는 태도, 공정함을 지키려는 용기. 이 세 가지가 모여 미래의 사회를 만드는 힘이 됩니다. 학교 안에서, 동아리 속에서, 온라인 공간에서 이 마음을 지키는 연습을 하는 것, 그것이 바로 ESG 공부의 진짜 의미예요.

앞으로 20~30년 후, 지금의 10대가 사회의 중심이 될 때 ESG는 '선택'이 아니라 '기본'이 되어 있을 거예요. 기업의 리더, 과학자, 예술가, 교사, 시민 누구든 ESG의 감각을 가진 사람은 세상을 조금 더 공정하고 지속가능한 방향으로 이끌어 갈 거예요. 그래서 지금 우리가 배우는 이 내용은 시험 과목이 아니라, 미래의 기준을 만드는 공부입니다.

우리가 만들어 나갈
'더 나은 세상'

    이 책의 첫 장 제목이 '우리에게는 ESG가 필요합니다'인 이유도 여기에 있어요. ESG는 단순히 환경을 지키자는 말이 아니라, 우리가 어떤 세상을 만들어가고 싶은가에 대한 질문입니다. 그 답은 멀리 있지 않아요. 필요 없는 교실 불을 끄는 손끝, 친구를 이해하려는 마음, 약속을 지키는 태도. 그 모든 것이 ESG의 시작이에요. 우리가 지금 여기서부터 실천한다면, 세상은 이미 조금 더 나아지고 있는 거예요.

    세상을 바꾸는 일은 생각보다 멀리 있지 않습니다. 누군가는 환경을 지키는 기술을 만들고, 누군가는 사회의 약한 고리를 돌보며 더 나은 세상을 만들어 가고 있어요. 또 어떤 사람은 정직하고 투명한 결정을 내리며 신뢰를 쌓고 있죠. 하지만 이런 변화는 단지 어른들만의 몫이 아니에요. 우리가 자라서 어른이 될 때, ESG는 '선택'이 아니라 '기본'이 될 거예요.

세상은 더 복잡해지고, 문제는 겉으로 봐서는 옳고 그름을 당장 판단할 수 없이 교묘해질 거예요. 기술이 발전할수록 '무엇을 할 수 있는 가'보다 '무엇을 해야 하는가'가 중요해지죠. 그래서 ESG를 배운다는 건 지식을 외우는 게 아니라, '옳은 방향'을 선택할 수 있는 힘을 기르는 일이에요. 환경을 아끼는 습관, 사람을 존중하는 태도, 정직하게 행동하려는 마음은 시간이 지나도 사라지지 않습니다. 그런 마음을 가진 사람이 많아질수록 사회는 단단해지고, 지구는 건강해질 거예요.

이 책은 단순히 'ESG가 뭐예요?'라는 질문에 답하려는 게 아니에요. '나는 어떤 세상을 만들고 싶은가?', '내가 할 수 있는 일은 무엇일까?'를 함께 고민해 보는 책이에요. 우리가 세상을 바꾸는 주인공이 되기 위한 첫걸음을 내딛을 수 있도록 돕는 이야기이기도 해요.

이제 우리는 왜 ESG가 필요한지, 그리고 그것이 단순한 말이 아니라 '삶의 기준'이라는 걸 알게 됐어요. 그렇다면 실제로 그 가치를 자신의 삶 속에서 실천한 사람들은 어떤 고민을 했을까요? 어떤 계기로 행동을 시작했고, 어떤 어려움 속에서도 포기하지 않았을까요?

다음 장에서는 그런 사람들의 이야기를 만나보려 합니다. 누군가는 큰 사고 이후 장애를 겪으며 삶의 의미를 다시 찾았고, 누군가는 배우로서 사회적 기업을 세워 다른 이들에게 기회를 나누었어요. 또 누군가는 국제무대에서 기후 위기와 맞서 싸우고 있죠. 걸어온 길은 다르지만, 공통점이 하나 있어요. 바로 자신만의 방식으로 '지속가능한 세상'을 만들어 가고 있다는 점이에요.

그들의 이야기를 읽을 때는 정답을 찾기보다, 그 사람이 어떤 과정을 거쳐 지금의 선택에 도달했는지에 주목해 봅시다. 어려운 순간을 어떻게 넘어섰는지, 주변의 도움은 무엇이었는지, 스스로 바꾼 건 무엇이었는지 표시해 두면 좋아요. 이야기를 다 읽은 뒤에는 친구들과 이런 질문을 나눠 보세요.

"이 사람이 바꾼 건 무엇이었을까?", "같은 상황이라면 우리는 무엇부터 시작할 수 있을까?", "나와 생각이 다른 부분은 무엇이고, 그 다름을 어떻게 존중할 수 있을까?" 이런 질문은 정답을 요구하지 않아요. 대신 서로의 생각을 안전하게 꺼낼 수 있게 도와줘요. 그렇게 대화를 나누다 보면, 우리만의 실천 아이디어가 자연스럽게 생겨날 거예요.

그리고 마지막으로, 우리 스스로에게 이런 질문을 던져볼 거예요.

"나는 어떤 방식으로 더 나은 미래를 만들 수 있을까?"

그 질문이 바로, 우리의 ESG가 시작되는 순간입니다.

2장

삶의 전환점에서 지속가능성을 묻다

누구나 인생에서 한 번쯤은 삶의 방향이 바뀌는 순간을 맞이합니다. 이 장의 이야기들은 바로 그 지점에서 '앞으로 어떻게 살아야 할까?'라는 질문과 마주한 사람들의 기록이에요. 각자의 전환점에서 자신과 세상을 다시 바라본 이들의 고민은 결국 조금 더 나은 세상을 향한 지속가능성의 이야기로 이어집니다.

사고 이전엔 몰랐던, 대한민국에서
장애인이 살아가는 법

유연수 전 프로축구선수

#장애 #포용성 #접근성 #DEI #패럴림픽

매년 4월 20일은 '장애인의 날'입니다. 1981년 유엔(UN)이 '세계 장애인의 해'를 선포한 것을 계기로, 우리나라도 같은 해 이 날을 법정기념일로 정했죠. 여기에는 장애인의 권리를 보장하고, 사회 속에서 함께 살아가자는 뜻이 담겨 있습니다. 모두가 차별 없이 살아가는 세상을 만들자는 의미이기도 해요.

하지만 현실은 아직 멀었습니다. 건물 앞의 작은 턱 하나, 지하철 리프트를 이용하려면 꼭 해야 하는 사전 전화 한 통, 그리고 낯선 사람들의 시선까지도 장애인에게는 큰 벽이 되죠. 모두가 평등하게 살아가는 세상, '포용'의 가치는 여전히 쉽지 않은 일입니다.

유연수 씨는 원래 제주 유나이티드에서 활약하던 축구 골키퍼였습니다. 하지만 2022년, 음주운전 차량에 사고를 당해 하반신 마비 판정을 받았어요. 그는 1년 가까이 재활 치료를 받았지만, 결국 은퇴를 선택해야 했습니다.

그래도 그는 멈추지 않았죠. 휠체어를 타고 사격과 노르딕 스키에 도전하며, 패럴림픽 출전을 목표로 훈련을 이어가고 있습니다.

이번 인터뷰에서는 사고 전에는 미처 몰랐던, 대한민국에서 장애인으로 살아가는 현실과 도전을 직접 들려줍니다. 2024년 12월 26일, 그는 장애인스포츠단 'BDH파라스'에 입단하며 사격 국가대표를 향한 새로운 여정을 시작하기도 했어요.

"작은 턱 하나도 벽이 됩니다. 그래도 한 번 나와 보세요. 세상은 생각보다 넓습니다."

Q 요즘 방송 출연이 잦습니다. '유 퀴즈 온 더 블럭'에도 나오셨죠. 사고 이후 많은 분들이 유연수 님을 알게 되었는데, 이런 변화가 낯설진 않으신가요?

A 네, 낯설죠. 선수였지만 유명한 편은 아니었으니까요. 경기장에서 팬들이 알아보는 정도였지, 길에서 사람들이 먼저 다가오진 않았거든요. 그런데 지금은 많은 분들이 인사해 주시고 응원도 보내 주셔서 감사한 마음으로 지내고 있어요. 처음엔 좀 어색했지만, 지금은 즐기려고 노력 중입니다.

💬 '평범한 선수'였던 그가 사고 이후 '장애인 선수, 방송인, 강연자'로 주목받게 된 건 아이러니한 일이다. 하지만 그는 '시선의 무게'를 피해 달아나기보

다, 감사로 받아들이며 다시 살아갈 이유를 찾고 있었다.

이동의 장벽, 반복되는 번거로움

Q 오늘 전주에서 서울까지 오셨다고 들었습니다. 장거리 이동은 불편하지 않으세요?

A 차를 타면 괜찮습니다. 하지만 대중교통은 쉽지 않아요. 버스는 거의 탈 수 없고, 기차는 그나마 괜찮지만 탈 때마다 미리 연락해서 리프트를 준비해야 하죠. 비행기도 마찬가지예요. 매번 같은 설명을 반복하는 게 은근히 지칩니다.

Q 반복 설명이 가장 번거롭군요.

A 네. 시스템이 없어서 사람마다 다르게 대응하거든요. 그래서 매번 처음부터 설명해야 해요. '휠체어 탑승이 필요하다, 이런 장비가 필요하다' 계속 말해야 합니다. 작은 일 같지만 쌓이면 큰 피로가 돼요.

Q 한국 사회에서 장애인으로 살며 특히 불편한 점은 무엇인가요?

A 사실 음식점조차 마음대로 가기 어렵습니다. 대부분 계단이 있고, 경사로는 너무 가팔라 혼자서는 위험해요. 예전엔 이런 걸 전혀 몰랐는데, 지금은 어딜 가든 턱이나 경사로, 화장실 같은 시설부터 확

10대를 위한 대담한 ESG 이야기

인하게 됩니다. 작은 턱 하나도 엄청 신경이 쓰이거든요.

Q 최근에는 신도시나 새 건물은 좀 나아졌다고 들었습니다.

A 네. 요즘은 의무적으로 경사로와 장애인 화장실을 설치하니까 훨씬 편해졌습니다. 제가 사는 고양시는 특히 잘 돼 있어서 이용하기 좋더라고요.

💬 그는 불편을 설명하면서도 '좋은 변화'를 꼭 덧붙였다. 여전히 부족하지만, 제도가 바뀌면 삶이 얼마나 달라질 수 있는지를 몸소 보여줬다.

Q 장애를 받아들이는 과정에서 가장 힘들었던 점은 무엇이었나요?

A 하반신이 마비되면 장기 기능도 마비돼요. 대소변을 스스로 해결할 수 없죠. 대변은 약을 먹어야 하고, 소변은 '카테터'를 이용해야 합니다. 그런데 이게 무료가 아니라 직접 사야 해요. '내가 대소변을 보는 데도 돈을 내야 한다'는 사실이 처음엔 받아들이기 참 힘들었어요.

Q 비용 문제까지 겹치면 훨씬 더 큰 부담이겠네요.

A 맞아요. 경제적인 부담도 크지만, 심리적으로 더 힘들었습니다. 일상적인 일이 전부 '장애인으로서의 조건'이 되어버리는 거니까요.

휠체어에도 기술이 필요하다

Q 휠체어 생활도 쉽지 않다고 들었습니다. 직접 체험해 보니 저도 어렵더라고요.

A 그냥 앉아본 걸로는 절대 알 수 없어요. 위험하기도 하고요. 자리 옮길 때도 마치 주차하듯 각도를 맞춰야 해요. 오른손으로 의자를 잡고, 왼손으로 지지대를 잡은 뒤 몸을 숙여 엉덩이를 밀어 넣는 방식으로요. 배에 힘이 없으니 상체 힘만으로 해야 합니다.

Q 정말 자동차 'T자 주차' 같네요.

A 맞아요. 처음엔 중심 잡기도 어렵습니다. 턱을 넘으려면 앞바퀴를 들어야 하고, 회전할 때도 기술이 필요하죠. 재활치료에서 이런 걸 다 배우는데, 생각보다 고도의 훈련이 필요합니다.

💬 그는 휠체어 기술을 '스포츠 훈련'처럼 설명했다. 사실상 새로운 '몸의 언어'를 배우는 과정이었다.

Q 차별적인 시선을 가장 많이 느낄 때는 언제인가요?

A 병원에서 잠깐 외출할 때예요. 사람들이 많은 곳에 나가면 시선이 느껴집니다. '젊은 청년이 다쳤나 보다'라고 생각할 수도 있지만, '장애인이구나'라는 인식이 느껴질 때 따가워요. 사실 장애인들이

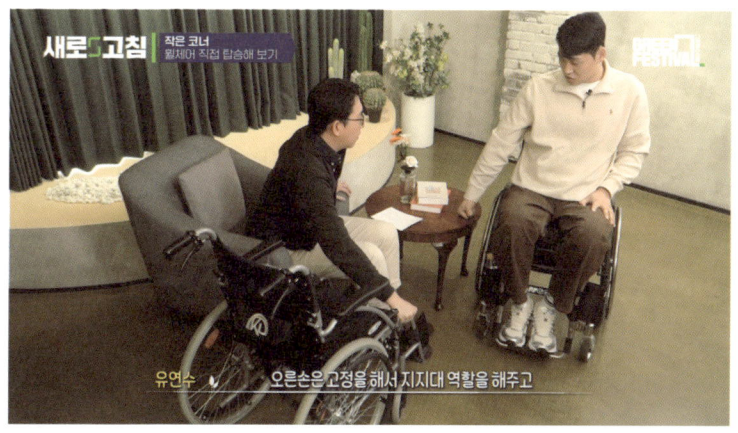

가장 힘들어하는 게 이런 시선입니다. 저뿐 아니라 가족들도 많이
힘들어했어요.

Q 그래서 외출 자체가 두렵기도 하겠군요.

A 맞아요. 혹시 아는 사람을 마주칠까 걱정되고, 밖에서는 우울해졌
다가 집에 들어오면 다시 무너지는 느낌이 듭니다. 그게 참 마음 아
팠어요.

Q 그래도 '작은 것부터 시도해보자'고 말씀하셨습니다.

A 네. 작은 턱 하나 넘기도 힘들지만, 시도하다 보면 조금씩 즐거움을
느낄 수 있어요. 시선이 부담스럽더라도 한 번쯤은 용기 내서 밖에
나와 사람을 만나 보시라고 말씀드리고 싶습니다.

Q 도움을 주려는 사람들도 많지 않나요?

A 맞아요. 정말 감사한 일이죠. 하지만 때로는 그게 '내가 장애인이구나'라는 사실을 더 선명하게 느끼게 만들기도 합니다. 그래서 도울 때도 섬세함이 필요해요. 어떤 사람은 도움을 원하고, 어떤 사람은 스스로 해내고 싶으니까요.

💬 그는 '도움조차도 배려가 필요하다'고 강조했다. 선의가 항상 긍정으로만 작용하지 않는다는 사실.

새로운 목표, 스포츠로 다시 서다

Q 최근엔 장애인 배우가 드라마에 출연하고, 다양한 분야에서 장애인을 볼 수 있게 됐습니다. 유연수 님의 꿈은 무엇인가요?

A 저는 지금 장애인 스포츠를 준비하고 있습니다. 가장 큰 목표는 패럴림픽이나 아시안게임에서 금메달을 따는 거예요. 척추손상 환자분들 중에도 운동하시는 분들이 많고, 그분들이 제 롤 모델이에요.

Q 원래 축구는 부모님의 권유로 시작하셨다고요.

A 네. 부모님이 권해서 시작했는데, 나중에 한 기자분이 "올림픽은 영웅이 탄생하는 무대, 패럴림픽은 영웅이 나서는 무대"라고 하신 말

올림픽에서는 영웅이 탄생하지만
패럴림픽에는 영웅이 나서는 것

금메달을 따는 게 제 목표입니다

더 큰 용기와 힘이 필요했던
장애 스포츠인의 꿈

씀이 참 인상 깊었어요. 장애인 스포츠에 대해 알아보니 제가 할 수 있는 종목도 많더라고요. 지금은 사격과 노르딕 스키를 체험 중입니다.

Q 두 종목 다 도전 가능한 건가요?

**A 네. 하계, 동계 각각 두 종목까지 가능하다고 해요. 저는 하계는 사격,
동계는 노르딕 스키에 관심이 많습니다. 노르딕 스키는 스키의 마라
톤 버전이라고 보시면 돼요. 최종 목표는 금메달입니다.**

그는 "스포츠인은 누구나 1등을 꿈꾼다"고 했다. 장애가 그의 목표를 바꾸
지 않았다. 오히려 더 큰 무대, 더 큰 도전을 향해 나아가게 했다.

Q 장애인 스포츠 시설과 제도는 잘 갖춰져 있나요?

**A 예전에는 부족했지만 지금은 많이 좋아졌습니다. 인천 장애인 선
수촌을 가봤는데 시설이 정말 잘 돼 있더라고요. 예전엔 메달 포상
금도 비장애인과 차이가 있었지만, 지금은 똑같이 지급된다고 들
었습니다.**

**Q 마지막 질문입니다. 세상에서 단 하나의 문제를 고칠 수 있다면
무엇을 고치고 싶으세요?**

A 솔직히 제 몸을 고치고 싶습니다. 축구선수였으니까 다시 뛰고 싶

은 마음이 크죠. 하지만 저처럼 병원에 갇혀 지내는 분들도 많습니다. 그분들의 마음을 고치고, 다시 나아갈 수 있게 돕고 싶어요.

💬 그는 '몸을 고치고 싶다'는 솔직한 바람 뒤에, 결국 '마음을 고치는 힘'을 이야기했다. 자신의 회복이 곧 다른 이들의 회복으로 이어지길 바라는 바람이었다.

'대담해' 유튜브 채널에서 영상으로 만나보기

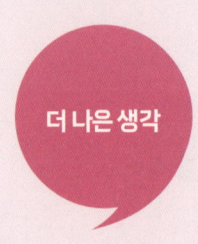

정신장애인 바리스타, 어려울 것 같나요?

경북 포항의 10평 남짓한 카페에서 출발한 히즈빈스는 지금 전국 35개 지점, 필리핀 매장까지 운영하는 사회적기업으로 성장했다. 바리스타, 로스터, 파티쉐, 강사 등 장애인 직무를 개발해 정신장애인 200여 명이 직접 손님을 맞이하고 커피를 내린다. 전체 취업 장애인 중 고용률이 최하위인 정신장애인이 히즈빈스에서는 90% 이상 근속률을 유지한다. 비결은 '강점을 찾아 직무로 연결하는 관점'과 '다각적 지지 시스템'이다. 직원이 힘든 시기에 휴식과 치료를 거쳐 돌아올 때까지 기다리고, 동료들이 함께 응원하며 맞이하는 문화는 장애인 고용을 넘어 조직 문화를 혁신하는 힘이 됐다. 히즈빈스는 이제 카페뿐 아니라 조경·교육·예술 등 100개 직무로 확장을 준비한다. "정신장애인은 일하기 어렵다"는 편견을 뒤집고, 누구나 강점으로 사회에 설 수 있음을 증명하는 현장. 장애인 고용은 더 이상 '뒤편의 자리'가 아니라, 앞에서 세상을 바꾸는 자리라는 사실을 보여준다.

Think Point
내가 다니는 학교나 단골 가게에 장애인 친구가 함께 하게 된다면, 나는 어떻게 맞이할까요?

"문턱을 낮추면, 일상이 열린다"

2023년 성동구의 작은 경사로 설치에서 시작된 '모두의 1층' 프로젝트는 "1층의 공유는 일상성의 동등한 참여"라는 메시지로 확산됐다. 2024년 12월 19일 대법원은 휠체어 이용자의 1층 매장 접근권을 헌법상 기본권으로 못박았고, 판결문에는 공익 프로젝트의 문제의식까지 언급됐다. 법과 제도가 생활의 디테일을 따라가지 못할 때, 민간의 실험이 먼저 길을 냈고, 제도는 뒤따라왔다. 작은 경사로 하나가 '외출을 포기하던 하루'를 '동네 한 바퀴'로 바꾸는 힘—접근성은 거창한 인프라가 아니라 출입구 앞 몇 도의 각도에서 시작된다는 걸 보여준 사례다.

> **Think Point**
> 우리 동네에도 아직 '작은 턱'이 남아 있지 않을까요? 한번 직접 둘러보면 어떨까요?

무장애 헬스케어 센터라고 들어보셨나요?

'무장애 헬스케어'는 장애 여부와 관계없이 누구나 같은 공간에서 운동할 수 있도록 하는 것이다. SK 행복나눔재단은 서울 마곡과 부산에 무장애헬스케어센터 '어댑핏 스튜디오'를 운영하고 있다. 스튜디오는 넓은 동선과 이동형 기구, 세심한 라커·데스크 설계를 통해 장애인 수강생이 불편 없이 운동할 수 있는 환경을 만들었다. 체형과 신체 기능을 평가한 뒤 맞춤형 운동을 제안하는 '어댑피팅 리포트' 서비스도 제공한다. "장애인이 운동할 곳이 없다"는 통념을 깨며, 누구나 같은 공간에서 자신에게 맞는 운동을 할 권리를 서비스로 구현한 실험이다.

> **Think Point**
> 우리 학교 체육관이나 운동장은 휠체어를 탄 친구도 함께 쓸 수 있을까요?

배우에서
'사회적 기업' 대표로

남보라 배우, 사회적 기업 대표

ESG 키워드

#동물입양 #사회적 기업 #미혼모지원 #포용성 #봉사활동

'인간 ESG'라고 불리는 배우 남보라 씨는 어릴 때부터 '누나 모먼트'가 몸에 배어 있었죠. 13남매의 맏이로 자라며 동생들에게 두부 한 조각도 양보하던 습관이 이제는 사회로 넓어져 봉사와 나눔으로 이어졌다고 합니다. 화성의 번식장에서 구조된 반려견 '머털이'를 입양한 것도 같은 마음이었어요. "눈으로 입양하지 말고, 마음으로 입양하라"는 남보라 씨의 말은 생명을 거래 대상으로 여기는 사회 인식에 강한 울림을 줍니다.

남보라 씨는 동물 보호 활동에 그치지 않고, 미혼모를 돕는 비누 사업을 시작해 사회적 기업 대표로도 활동했습니다. 바쁜 촬영 일정 속에서도 봉사를 멈추지 않았고, 오히려 그 과정에서 마음이 치유됐다고 말해요. 최근에는 유튜브 채널을 운영하며, 구독자 10만 명 달성 공약으로 아프리카에 우물을 파는 프로젝트를 진행하고 있습니다. '선한 영향력'을 넓혀가고 있는 거죠.

이번 인터뷰에서는 화려한 스포트라이트 뒤에 숨겨진 남보라 씨의 진솔한 가치관을 들여다봅니다. 가족을 향했던 애정이 동물과 사회로 확장된 그의 삶은 우리가 다시 생각해봐야 할 '포용의 가치'와 '사회적 책임'을 떠올리게 합니다. 남보라 씨는 봉사가 특별한 이벤트가 아니라, 일상의 습관이 될 수 있다는 걸 행동으로 보여주고 있습니다.

"눈으로 입양하지 말고, 마음으로 입양하세요. 봉사는 일상의 습관이 될 수 있어요."

Q 보라 씨를 '인간 ESG'라고 소개하곤 합니다. 배우이자 봉사자, 또 사회적 기업 대표까지. 원래부터 이런 사회공헌 활동에 관심이 많으셨나요?

A 제가 일부러 관심을 가지려고 한 건 아니었어요. 어릴 때부터 자연스럽게 몸에 밴 습관이었던 것 같아요. 형편이 넉넉하지 않았던 집에서 자라다 보니 동생들에게 양보하는 게 일상이었거든요. 된장찌개 두부 한 조각도 양보했으니까요. 그러다 보니 '내가 먹는 것보다 동생들이 먹는 게 낫다'는 생각이 몸에 배어 있었던 것 같아요.

Q 동생들에게 양보하던 마음이 지금의 봉사 활동으로 이어졌다고 보시는군요.

그는 언제부터 화젯판응파?

나는야 k장녀!

천성이 타고났어~

그는 언제부터 화젯판응파?

어릴적 배려심이 낳은 **봉사**

'뉴진'의 사업 이야기

봉사를 시작하고

회복이 된 일상

A 네. 동생들이 다 커버리고 나니 더 이상 제가 챙길 사람이 없는 거예요. 그런데 그 마음 자체는 여전히 제 안에 남아 있었던 거죠. 그래서 사회에 나와서도 자연스럽게 봉사와 나눔으로 이어졌던 것 같아요. 스태프들이나 매니저도 가족처럼 챙기고 싶고, 그게 제 성향이자 즐거움이에요.

💬 남보라는 이를 "누나 모먼트"라고 표현했다. 가족을 챙기던 습관이 사회 속 관계로 확장된 것이다. 그는 웃으면서 "DNA에 박힌 것 같다"고 했지만, 사실은 오랜 시간 생활 속에서 길러진 가치관이 행동으로 연결된 거다.

번식장에서 구조된 강아지들

Q 오늘 촬영장에도 반려견들이 함께하고 있는데, 특별한 사연이 있다고 들었습니다.

A 네. 제 반려견 머털이를 비롯해서 오늘 함께한 아이들이 다 화성 번식장에서 구조된 강아지들이에요. 재작년 9월, 천 마리 넘는 아이들이 한 번에 구조된 사건이 있었거든요. 저는 그때 머털이를 입양했는데, 지금은 건강하게 잘 지내고 있어요.

Q 보호소에서 처음 만났을 때 머털이는 어떤 모습이었나요?

A 솔직히 많이 놀랐어요. 잇몸이 다 녹아버려서 아기인데도 이가 네 개밖에 없었거든요. 전문의가 아닌 사람이 무리하게 제왕절개 수술을 한 흔적이 있는 아이들도 있었고요. 머털이도 건강이 많이 안 좋았어요. 지금은 잘 먹고 잘 뛰어다니지만, 그 당시엔 마음이 아팠죠.

💬 화성 번식장 사건은 당시 사회적 공분을 불러일으킨 대표적 사례였다. 남보라는 그 현장을 직접 경험하며 '반려동물은 상품이 아니다'라는 신념을 갖게 됐다고 했다.

Q 왜 이런 불법 번식장이 반복된다고 생각하시나요?

A 제가 보기엔 인식의 문제예요. 구조 현장에서도 운영자분들이 "내 강아지인데 왜 데려가냐"고 화를 내시더라고요. 정말 '생명을 돈벌이 수단'으로만 여기니까 잘못이라는 생각조차 못 하는 거죠. 그래서 단순한 단속보다 교육, 인식 개선이 함께 필요하다고 생각해요.

Q 머털이를 입양하실 때는 어떤 점을 가장 고민하셨나요?

A 저는 '궁합'을 많이 봤어요. 보호소를 여러 번 오가면서 아이 성격을 확인했죠. 저는 MBTI가 INFP라 차분한 성격인데, 너무 활발한 아이를 데려오면 서로 힘들 수 있으니까요. 입양은 눈으로 하는 게 아니라 마음으로 해야 해요. 강아지도 저를 마음에 들어 해야 하고, 저도 그 아이를 맞이할 준비가 되어 있어야 하죠.

💬 그는 입양을 '결혼'에 비유했다. 한 번의 선택이 아니라, 시간을 두고 서로의 성격을 맞춰 보는 과정. "눈에 보이는 귀여움만 보고 입양하면 안 된다"는 메시지였다.

Q 요즘 반려동물 문화가 많이 달라졌죠. 생일파티도 하고, 강아지 유치원도 있다고요?

A 맞아요. 강아지 생일 파티는 물론이고, 아침에 등원하고 저녁에 하원하는 '강아지 유치원 버스'도 있어요. '앉아, 기다려' 같은 훈련도 하고, 산책·낮잠·급식까지 다 스케줄이 있어요. 다만 아무나 들어갈 수 있는 게 아니라 테스트를 봐야 해요. 사실 저희 머털이는 테스트에 떨어진 적도 있어요.(웃음)

Q 봉사를 시작하고 싶은데 방법을 몰라 망설이는 분들도 많습니다. 가장 쉬운 방법을 추천해 주신다면요?

A 산책 봉사예요. 보호소에 가서 강아지를 데리고 산책만 시켜 주면 됩니다. 아주 간단해요. 그 외에 케이지 청소, 밥 주기, 보호소 청소도 큰 도움이 되고요. 아기 강아지가 많다 보니 밥 주는 것만 해도 일이 엄청 많거든요. 누구나 쉽게 시작할 수 있는 봉사예요.

💬 '봉사'라고 하면 부담스럽게 느끼지만, 그가 강조하는 건 '문턱 낮은 참여'였다. "일단 와서 한 번 해보세요"라는 권유는, 독자에게도 직접 초대장을 건네는 듯 들렸다.

어릴 적 꿈은 사업가

Q 사실 보라 씨는 배우 활동 외에도 사회적 기업을 운영하셨죠. 어떻게 시작하게 되셨나요?

A 저는 원래 꿈이 사업가였어요. 어릴 때 MBC〈성공시대〉를 보며 기업가들이 너무 멋있어 보였거든요. 그러다 사회적 기업이라는 개념을 접하게 됐는데, '사업을 하면서 동시에 사회문제를 푼다'는 게 너무 인상 깊었어요. 그래서 제가 미혼모분들을 돕는 비누 사업을 시작했어요.

Q 미혼모 지원에 관심을 가진 계기가 있나요?

A 쪽방촌 봉사에서 혼자 아기를 키우는 미혼모를 만난 적이 있어요. 자료를 찾아보니 대부분 생활고에 시달리고 계시더라고요. 육아는 한 사람에게 너무 벅찬 일이니까, 조금이라도 도움이 되고 싶었어요.

💬 그는 "좋은 의도만으로는 충분치 않았다"고 회상했다. 시장이 좁아 확장하기 어려웠던 한계. 하지만 그 경험이 이후 활동의 방향을 바꿔 주었다.

Q 바쁜 본업에 봉사까지 병행하려면 체력적으로 힘들지 않으세요?

A 힘들 땐 많죠. 그런데 이상하게 봉사하고 나면 더 힘이 나는 것 같

　　　　　　　　　　　　　　　　10대를 위한 대담한 ESG 이야기

아요. 제가 힘들었던 시기에 쪽방촌에 붙어 있던 문구를 봤는데, '내 속에 있는 걸 비워내야 새 힘이 들어온다'였어요. 그래서 봉사를 시작했고, 정말 제 마음이 회복됐어요.

"사람이 태어나면 우물 하나는 파고 가야"

Q 최근엔 유튜브 활동도 활발하신데, 어떻게 시작하게 되셨나요?

A 요리를 배우고 싶어서 해외에 가려 했는데, 그럼 일을 못 하잖아요. 그때 유튜브라는 세계를 알게 됐죠. 10만 구독자가 넘으면 아프리카에 우물 하나 파겠다고 공약을 걸었는데, 결국 달성해서 이제 우간다에 갑니다.

Q 아프리카 우물 프로젝트는 어떻게 계획된 건가요?

A 아는 선교사님이 수맥을 찾아 우물을 파는 영상을 보여주셨는데, 너무 감동적이었어요. '사람이 태어나면 우물 하나는 파고 가야 하

지 않나' 하는 생각이 들어서 언젠간 해야겠다고 마음먹었죠. 드디어 그 꿈을 실현할 수 있게 돼서 너무 기뻐요.

Q 개인적인 질문 하나 드려도 될까요? 결혼 소식을 전하셨죠. 예비 신랑은 어떻게 만나셨나요?

A 쪽방촌 봉사에서 만났어요. 봉사는 긴 레이스잖아요. 그 긴 시간 동안 한결같은 모습을 보여주더라고요. 급한 상황에도 차분하고, 널뛰기하지 않는 모습이 참 좋았어요. 제가 못 가진 모습이기도 하고요.

Q 결혼을 고민하는 청년들에게 조언을 한다면요?

A 예전엔 결혼은 어느 정도 안정되고 완성된 사람이 하는 거라 생각했어요. 그런데 해보니 결혼 과정 속에서 함께 완성되어 가는 것 같아요. 안정된 뒤에가 아니라, 과정에서 배우고 자라는 거죠.

Q 마지막으로, 보라 씨가 꿈꾸는 'ESG의 미래'는 어떤 모습인가요?

A 어려운 말로 접근하지 않았으면 해요. 작은 것부터, 일상에서 자연스럽게. 주말에 친구에게 "뭐 해?" 물었을 때 "봉사 가"라고 대답하는 게 당연해지는 사회, 저는 그런 문화가 만들어지길 바라요.

💬 남보라의 대담은 화려한 영화나 드라마 이야기가 아니라, 일상의 작은 장

면들로 채워졌다. 두부 한 조각을 양보하던 소녀가, 이제는 머털이와 함께 '문화'를 바꾸는 여정에 서 있다.

'대담해' 유튜브 채널에서 영상으로 만나보기

더 나은 생각

농인 배우와 아티스트를 주인공으로
만드는 사회적 기업 '핸드스피크'

"1400마리 개가 갇힌 공장" …화성 번식장이 남긴 질문

2023년 9월, 경기도 화성의 한 허가 번식장에서 1400마리의 개가 구조됐다. 한 평 남짓한 공간에 15마리씩 몰아넣거나 3단 철창에 가두는 등 열악한 환경이 확인됐다. 임신한 어미개의 배를 칼로 가르는 불법 수술 흔적과 냉동고에 숨겨진 사체도 발견됐다. 번식장 주인은 당초 등록된 수를 넘어 불법적으로 개체수를 늘렸고, 투자자를 모집해 새끼 판매 수익을 나누기도 했다. 냉동고에서 발견된 사체들은 동물이 '상품'으로만 다뤄질 때 어떤 참극이 벌어지는지를 보여줬다. 구조된 개들은 경기도와 동물 단체로 분산돼 보호를 받았고, 번식장 주인은 영업정지와 고발 조치됐다. 이번 사건은 반려동물 산업의 그늘을 드러낸 대표적 사례로 남았다.

Think Point
강아지를 돈 주고 사는 건 괜찮은 일일까?

농인 청소년이 무대에 서고 싶어도 기회조차 주어지지 않는 현실. 이를 바꾸기 위해 탄생한 기업이 있다. 바로 문화예술 사회적 기업 '핸드스피크'다. 2018년 단 3명으로 출발했지만, 현재는 약 100명의 농인 아티스트가 활동하며 300만 명의 관객을 만났다. 연극·뮤지컬·수어랩 등 140여 개 작품을 올렸고, 청각장애인의 재능이 사회 속에서 빛날 수 있는 길을 열었다. '핸드스피크'는 "이런 곳이 바로 사회적 기업"이라는 사실을 보여준다. 착한 의도만이 아니라, 시장 안에서 새로운 가치를 만들어내며 동시에 사회문제를 해결하는 모델을 증명하고 있다.

Think Point
우리 학교 축제나 공연이 누구에게나 편하게 열리려면 어떤 게 바뀌어야 할까요?

아프리카에는 왜 우물이 필요할까요?

2023년 유니세프 보고서에 따르면, 기후위기와 분쟁 등으로 아프리카에서 약 1억9000만 명의 어린이가 안정적인 식수를 공급받지 못하고 있다. 특히 서아프리카와 중앙아프리카 10개국에서는 세 집 중 한 집이 최소한의 물조차 사용하지 못하며, 어린이 다수가 기본적인 위생 활동도 누리지 못한다. 하수시설 부족과 손 씻을 물과 비누가 부족해 수인성 질병 사망률이 높고, 기후재난은 가뭄·홍수로 수자원을 더욱 오염·고갈시켜 상황을 악화시키고 있다. 하지만 우물 기부는 종종 낭만적 상징에 머무는 한계도 지닌다. 관리 체계가 부실해 고철 더미로 방치되거나, 현지 주민이 운영에 참여하지 못해 지속성을 잃는 경우가 많다. 전문가들은 단순한 '우물 기부'가 아니라 현지 사회의 자립 역량을 키우는 협력 모델이 중요하다고 말한다.

Think Point
기부나 봉사를 할 때, '내가 뿌듯한 일'과 '상대가 진짜 필요한 일'이 다를 수도 있을까요?

파리올림픽, 과연 친환경 올림픽은 실현될 수 있을까?

서정화 변호사

ESG 키워드   #지속가능올림픽 #기후위기 #성평등 #인권 #환경

평화와 연대의 상징으로 타오르는 올림픽 성화. 하지만 그 불빛 뒤에는 종종 환경 파괴의 그림자가 드리워져 있습니다. 경기가 끝난 뒤 방치되는 거대한 경기장, 새로운 인프라, 즉 도로나 건물을 짓느라 사라지는 숲들까지. '지구인의 축제'라 불리는 올림픽이 오히려 지구를 위협한다는 비판이 나오는 이유죠.

기후위기의 영향은 스포츠도 피하지 못했습니다. 2024년 3월 독일에서 열릴 예정이던 스노보드 알파인 월드컵 파이널은 눈이 부족해 결국 취소됐어요. 연구자들은 기온 상승과 강설량 감소로 인해, 머지않아 많은 지역이 동계올림픽을 개최하지 못할 수도 있다고 경고합니다.

그럼에도 누군가는 묻습니다. "내가 사랑해 마지않는 스포츠, 앞으로도 계속 이어갈 수 있을까?" 세 차례 올림픽에 출전했던 전 모굴스키 국가대표이자, 지금은 법정에서 활약하는 변호사 서정화 씨가 바로 그 질문을 던진

주인공이에요.

서정화 씨는 은퇴 후에도 스키와의 인연을 이어가며, 이제는 운동선수의 인권과 스포츠의 지속가능성을 위해 목소리를 내고 있습니다. "선수 인권을 위해 일하는 변호사가 되고 싶다"는 꿈으로 공부에 매진했고, 2024년 변호사 시험에 합격해 현재는 법무법인 YK에서 변호사로 활동하고 있죠. 현장에서 땀 흘리며 배운 경험을 법정과 사회로 옮겨, 스포츠가 더 오래, 더 공정하게 이어질 수 있는 길을 스스로 만들어가고 있습니다.

이번 대담에서는 올림픽이 남긴 환경의 발자국을 줄이는 방법부터 성평등의 진전, 그리고 준비 과정에서 소외된 사회적 약자를 다시 무대 위로 올려야 한다는 과제까지 함께 짚어봅니다. '지속가능한 올림픽'을 향한 서정화 씨의 고민 속에서, 진정한 스포츠 정신이란 무엇인지 생각해보게 될 거예요.

"불편함을 조금 감수하더라도, 방향은 친환경이어야 합니다."

Q 기후위기와 스포츠, 현장에서 체감하시나요?

A 네. 매년 12월 열리는 핀란드 루카 대회는 영하 20℃ 안팎이 보통이었는데, 최근 몇 년은 영하 3~4℃밖에 안 될 때도 있었어요. 엄청 추운 지역이었는데 예전에 비하면 따뜻해진 거죠. 알파인스키 월드컵은 눈이 부족해 취소되기도 했습니다. 경기장이 덜 추워졌다고 좋아할 일이 아니라 '이상하다'는 생각이 먼저 들었죠.

💬 그는 "스포츠도 기후위기에서 자유롭지 않다"는 사실을 선수 시절부터 온

서정화   " 이번 13회 변호사 시험에 막 합격해서 "

오히리   생활 체육을 기반으로 엘리트 체육인 육성

폐플라스틱
50% 이상 활용!

몸으로 느꼈다. 설원을 무대로 삼는 동계 종목일수록 변화는 더 극명했다.

Q 파리올림픽의 '친환경' 약속, 실현 가능하다고 보세요?

A 네. 기존 시설 95% 재사용, 신규 시설도 폐플라스틱 50% 이상 활용, 태양광 패널로 경기장 전력 공급을 목표로 합니다. 개막식도 스타디움 대신 센강 등 도시 공간을 활용하는 등 탄소를 줄이는 시도가 돋보여요.

Q 하지만, 숙소 에어컨을 설치하지 않는 문제 등 선수 불편 우려도 있습니다.

A 완벽히 쾌적하진 않을 겁니다. 다만 조직위가 대체 냉방·운영 보완을 충분히 준비했다면, 일정 불편을 감수하며 취지에 동참하는 것도 의미 있다고 봐요. 친환경은 하루아침에 되지 않으니까요.

Q 선수촌 식당 얘기도 해볼까요. 이번 파리 올림픽은 식단에서도 친환경을 강화했다고 합니다.

A 제가 뛸 때는 채식 메뉴 정도가 준비됐을 뿐, 환경 이슈 때문에 식단을 조정하진 않았습니다. 이번엔 아보카도를 빼거나 채식 옵션을 늘리는 등 본격적인 시도가 있다고 들었어요.

💬 식단 하나에도 시대의 의식이 반영된다는 사실은 흥미롭다. 선수들은 맛보

다 '지속가능성'을 더 가까이 경험하게 되는 셈이다.

올림픽의 빛과 그림자

Q 파리 올림픽을 앞두고 '사회적 정화(Social Cleansing)' 논란도 있었습니다.

A 저도 기사를 보고 알았습니다. 파리에는 원래 노숙자나 난민이 많다고 들었는데, 지난 5월에 가 보니 거리가 굉장히 깨끗하더군요. 노숙자분들이 거의 보이지 않았습니다. 알고 보니 올림픽을 앞두고 이분들을 도시 밖으로 내쫓았다는 보도가 있었어요. 결국 사회적 약자들이 안정망에서 밀려난 셈이죠. 올림픽이 성평등이나 환경을 이야기하면서도, 정작 가장 취약한 이들을 배제하는 모습은 아이러니하다고 생각합니다.

💬 그는 올림픽이 '축제'의 얼굴을 한 채 사회적 약자를 배제하는 이중성을 지적했다. 평등을 외치는 무대 뒤에서 가장 먼저 밀려나는 사람들은 늘 주변부에 선 이들이라는 사실이었다.

Q 평창 올림픽 시설은 지금 잘 활용되고 있을까요?

A 사실 가리왕산뿐 아니라, 새로 지은 시설과 KTX역 등 인프라 활용도도 기대만큼은 아니라는 지적이 있어요. 환경과 경제 모두에서

10대를 위한 대담한 ESG 이야기

아쉬움이 남는 대회였다고 봐요.

💬 평창올림픽에서는 2030억 원을 투입해 조성된 가리왕산 활강경기장이 불과 8일 사용된 뒤 복구하기로 했지만, 산림유전자원보호구역이던 원시림 5만 8000그루가 벌목된 자리는 여전히 회복되지 않았다. 복원 약속에도 불구하고 지역 관광 활성화 논리를 앞세워 곤돌라 등 일부 시설은 한시적 운영이 이어지고 있으며, 복구 사업은 지연되고 있다. 환경단체와 전문가들은 토사 유출, 산사태, 수질 오염 가능성을 경고하지만, 행정과 지역 이해관계가 얽히며 숲은 아직 제 모습을 찾지 못하고 있다.

Q 엘리트 체육 구조도 문제로 지적됩니다.

A 맞아요. 선수는 운동만 해야 한다는 제도가 가장 큰 문제예요. 체육특기자 제도는 실적 100%만 보고, 내신이나 수능은 반영하지 않으니 선택지가 좁아집니다. 미국은 학생선수(Student-Athlete)가 내신 B 이상이어야 출전 가능하도록 학업 연계를 강제합니다. 일본은 방과 후 동아리형 스포츠로 생활체육–엘리트의 경계를 낮춰 저변과 다양성을 키웠고요. 우리도 학업·선수 경로의 병행 모델로 전환해야 합니다.

우리가 생각해 볼 스포츠와 인권

Q 이번에는 스포츠와 인권을 여쭤보겠습니다. 파리 올림픽은 남녀

선수 비율이 50대 50이라고 하더군요.

A 2018년 IOC의 성평등 권고 이후 혼성종목 확대 등 노력이 성과를 냈습니다. 다만 지도자·임원에서 여성 비율은 여전히 낮아요. 앞으로 개선해야 할 과제죠.

Q 유니폼 규정 논란도 계속되고 있습니다.

A 맞습니다. 도쿄 올림픽에서 독일 여자 체조 선수단이 긴 레깅스를 입고 출전한 사례가 있었죠. 불필요하게 짧은 유니폼은 재검토될 필요가 있습니다. 스포츠가 성평등을 늦게 따라가지만, 오히려 선도할 수도 있다고 생각해요.

💬 스포츠는 종종 사회보다 느리게 움직이지만, 때로는 변화를 앞당기는 힘이 되기도 한다. 그의 말은 '운동장 안팎의 평등'을 동시에 환기했다.

Q 선수에서 변호사가 되셨습니다. 어떤 계기였나요?

A 고등학교 1학년 때, 중간고사와 국가대표 합숙이 겹쳤어요. 합숙을 빠지면 '국가대표 포기 각서'를 써야 했습니다. 저는 시험을 선택했죠. 운동선수이기 전에 학생이라는 정체성이 컸고, 부모님도 지지해 주셨어요. "운동선수=운동만"이라는 고정관념을 깨고 싶었습니다.

💬 그는 "선수의 자기결정권을 보장받아야 한다"고 힘주어 말했다. 운동만

을 강요하는 구조가 결국 인권 침해로 이어진다는 점을 누구보다 잘 알기 때문이다.

Q 끝으로 전하고 싶은 메시지가 있다면요?

A 스포츠는 환경, 인권, 다양성 문제와 분리될 수 없습니다. 불편하더라도 함께 감수하며 더 나은 방향을 찾는 게 필요해요. 선수 인권이 보장돼야 스포츠도 건강하게 성장할 수 있다고 생각합니다.

💬 서정화 변호사는 운동선수이자 법조인으로서, '스포츠의 미래'를 단순히 메달 숫자가 아닌 사회적 책임에서 찾고 있었다.

'대담해' 유튜브 채널에서 영상으로 만나보기

더 나은 생각

기온은 오르고 눈은 줄어드는데…
동계올림픽을 계속 개최할 수 있을까

'가장 친환경적인 올림픽' 외쳤던 파리, 실제로도 그랬을까?

파리올림픽은 수영장과 클라이밍장, 미디어 빌리지, 선수촌만 새로 짓고 전체 경기장의 95%를 기존이나 임시 시설로 충당했다. 건설 시 목재 같은 바이오소재를 적극 활용하고, 경기장에는 재활용 플라스틱으로 만든 좌석 1만 1000석을 설치했으며, 대부분의 경기장을 도심 10km 이내에 배치해 이동 거리를 줄였다고 밝혔다. 그러나 실제 배출량은 당초 예상치 158만 톤을 넘어 208만 5000톤에 달했고, 경기장 전력의 100% 재생에너지 약속도 재생에너지를 사용한 것으로 인정해 주는 '재생에너지 인증서(RECs)'를 구매해 채운 부분이 많았다는 비판이 제기됐다.

> **Think Point**
> '친환경'이라고 쓰여 있으면, 여러분은 그냥 믿나요? 내가 쓰는 물건 중 진짜 환경을 생각한 건 뭐라고 생각하나요?

겨울 스포츠의 무대인 동계올림픽은 점점 기후위기의 벽에 부딪히고 있다. 1920~1950년대 개최지 평균 기온은 섭씨 0.4℃였지만, 2022년 베이징 대회에서는 6.3℃까지 올랐다. 인공 눈 의존도도 소치 2014년 80%, 평창 2018년 90%, 베이징 2022년 100%로 치솟으며 '눈 없는 올림픽'이 현실이 됐다. 캐나다 워털루대 연구진은 2080년이면 역대 개최 도시 중 일본 삿포로만 대회를 열 수 있다고 경고한다. 각국은 저탄소 성화, 나무 심기, 탄소배출권 구매 등 대책을 내놨지만, 지속가능성을 담보할 체계적 기준은 여전히 부족하다.

Think Point
겨울이 점점 짧아진다면, 우리가 즐기던 일이나 직업 중 어떤 게 사라질 수도 있을까요?

성평등 올림픽? 절반의 무대, 남은 과제

'사상 첫 성평등 올림픽'을 표방한 2024년 파리 무대에는 총 1만 500명의 선수가 참가했다. 남녀 선수 수가 각각 5250명으로 같아, 올림픽 역사상 처음으로 여성 비율이 50%에 도달했다. 프랑스는 이를 '올림픽의 새로운 역사'라며 강조했다. 그러나 무대 뒤 풍경은 여전히 남성 중심이었다. 파리올림픽에서 여성 지도자 비율은 약 25%로, 도쿄 대회의 13%에 비해 두 배 가까이 늘었지만 선수단 성비와는 큰 격차를 보였다. IOC 집행이사회에서도 여성은 3분의 1 수준에 머물렀다. 그럼에도 IOC 전체 위원에서 여성 비율은 2013년 23%에서 2024년 41%로 늘어나는 등 변화의 흐름은 이어지고 있다.

한국경제 / 올림픽 사상 첫 선수 남녀비율 50:50… 코치진비율은요? / 2024.08.02

Think Point
인원은 똑같아도, 실제로는 평등하지 않을 수도 있어요. 우리 학교나 동아리에서도 여학생과 남학생이 똑같이 참여하고 존중받고 있을까요?

3장

지속가능성을
상상하고 설계하는
사람들

지속가능한 미래는 상상에서 시작해, 구체적으로 설계될 때 현실이 됩니다. 이 장에서는 각자의 자리에서 지속가능성을 실천하고, 새로운 변화를 만들어 가는 사람들을 만나봅니다. 친환경 디자인, 생태관광, 기후 대응 기술처럼 다 양한 분야의 도전과 혁신 속에서 우리는 더 나은 미래를 구체적으로 그려보 게 될 거예요.

친환경 디자인도 HIP할 수 있다!

김하늘 디자이너

ESG 키워드   #지속가능디자인 #폐기물 #마스크 #업사이클링 #친환경

코로나19 팬데믹은 우리의 일상을 완전히 바꿔 놓았죠. 하지만 그 여파는 사람들의 삶을 넘어서, 환경에도 큰 부담을 남겼습니다. 2020년, 포르투갈 아베이루대 등 국제 공동연구팀의 조사에 따르면, 당시 전 세계 78억 인구가 한 달 동안 사용하고 버린 마스크는 약 1290억 개에 달했습니다. 마스크는 대부분 플라스틱의 일종인 폴리프로필렌으로 만들어지기 때문에, 자연에서 완전히 분해되기까지 450년 이상이 걸린다고 해요.

이 문제를 '디자인'의 시선으로 바라본 사람이 있습니다. 바로 버려진 마스크를 또 다른 '신소재'로 재해석한 김하늘 디자이너예요. 그는 플라스틱 부직포로 된 마스크를 녹여 가구나 오브제(예술 작품의 일종)로 다시 만들어내는 실험을 이어가고 있습니다. 그는 폐기물이 단숨에 사라지는 게 아니라, 새로운 형태로 다시 쓰일 수 있도록 시간을 '지연시키는 기술'을 자신의 디자인 철학으로 삼았죠.

김하늘 디자이너의 작품은 이제 뉴욕 아트페어 전시를 비롯해, 대통령 정상 회담 선물로까지 주목받고 있습니다. 그는 한국 디자인의 가치를 세계에 알리고, 해외 디자이너들이 한국을 찾아오게 만드는 'K-디자인의 미래'를 꿈꾸고 있습니다.

"버려진 것을 늦게 버리게 만드는 일, 그것이 제 디자인입니다."

Q 디자이너로서 환경에 관심을 갖게 된 계기가 있나요?

A 직업을 갖기 전에는 거의 관심이 없었어요. 작업을 하면서, 특히 코로나 시기 마스크 폐기 문제를 보고 처음 심각성을 느꼈습니다. 마스크를 모아 불에 쬐거나 삶아 보기도 했는데 원하는 결과는 안 나왔죠. 그러다 마스크가 사실은 플라스틱 부직포라는 걸 알게 됐고, 흥미가 생겼어요. "플라스틱 재활용으로 가구를 만들어 보자"는 생각이 자연스럽게 이어졌습니다.

Q '폐소재를 신소재'라 표현한 이유가 궁금합니다.

A 정말 새로운 소재를 개발했다는 뜻은 아니에요. 버려진 뒤에 달라진 물성이 있다는 의미였죠. 새 마스크와 오래된 마스크는 녹는 속도와 색, 질량이 달라요. 모든 소재가 풍화되며 조금씩 변한다는 걸

마스크를 재활용할 방법은 없을까? 🤔

버려지는 마스크로
의자 만든 23살 대학생

김하늘 " 연락을 받고 그때 처음 인터뷰를 하게 됐죠 "

대단하지 않아도
사소한 부분에서
만드는 차이점

알게 되었고, 그 차이를 저는 새로운 물성, 신소재라고 불렀습니다.

💬 그는 마스크를 단순한 쓰레기로 보지 않았다. 시간이 더한 성질을 새로운 재료로 바라보는 시선, 바로 그것이 디자인의 출발이었다.

Q 뉴욕 아트페어에도 다녀오셨다죠?

A 네, 2024 포커스 아트페어뉴욕(Focus Art Fair New York)에 초청을 받아 전시를 했습니다. 저는 직접 뵙지 못했지만 미국 영부인께서 전시장에 오셨다고 하더군요. 영광스러웠고 자신감도 생겼습니다.

Q 외교부 협업 제안도 있었다고요?

A 네. 2024년 한미정상회담에서 조 바이든 대통령을 위한 선물로 제 작품을 찾고 있다는 연락을 받았습니다. 예전에 나이키와 협업해, 신발에 사용되는 열가소성 폴리우레탄(TPU) 소재로 만든 복싱 오브제 가운데 글러브 작품을 구입해 선물로 전달하셨습니다.

출처: 김하늘 작가 인스타그램

💬 그의 디자인은 전시장을 넘어 외교의 언어로까지 확장됐다. 버려진 것을 다시 쓰는 일이 '미래 자산'이 될 수 있음을 보여준 사례였다.

무모한 도전이 길을 연다

Q 스스로 어떤 사람이라고 생각하시나요?

A 무모한 도전을 자주 하는 것 같아요. 목표를 크게 잡고 많은 사람을 끌어들이는 걸 좋아하죠.

Q 대표적인 경험이 있을까요?

A 졸업전시 때 만든 작품 '스택 앤드 스택(Stack and Stack)'을 보여주고 싶었는데, 코로나로 전시가 다 취소됐어요. 기자 이메일을 수백 개 모아 직접 보냈지만 한 군데도 답이 없었습니다. 그런데 제가 연락하지 않았던 스브스뉴스에서 먼저 연락이 와 인터뷰가 성사됐죠.

Q 로이터 통신에서도 연락이 왔다면서요.

A 네, 사실 처음엔 로이터가 뭔지 몰라 무시했어요.(웃음) 나중에 알게 돼 인터뷰했고, 해외에서 이슈가 되니 국내 프로젝트가 더 많이 이어졌습니다.

💬 그는 무모한 시도로 길을 만들었다. 수백 번의 두드림 끝에 도착한 한 통의

연락이 그의 무대를 넓혔다.

Q 강연에서 떡볶이 배달 얘기를 꺼내셨죠?

A 네. 환경 이야기를 하면서 정작 집에서는 일회용기에 담긴 떡볶이를 먹고 그대로 버렸어요. 스스로 모순을 크게 느꼈고, 그때부터 분리배출 공부를 다시 시작했습니다.

Q 그런 고백이 오히려 '진짜'라는 신뢰를 줬던 것 같습니다.

A 저도 그렇게 생각해요. 완벽하지 않아도 더 나아지려는 노력이 중요하니까요.

Q 악플도 많았다고요.

A "예술이 아니다, 쓰레기다" 같은 댓글이 많았습니다. 지금은 이렇게 말합니다. 환경에 전혀 해를 끼치지 않으려면 누워 있는 게 최고예요. 하지만 세상은 그렇게 움직이지 않죠. 제가 하는 건 그저

마스크 폐기물로 만든 의자, 스브스뉴스에 소개되다

2020년, 계원예술대학교 학생이었던 김하늘 디자이너는 길에 버려진 마스크를 보고 생각했어요. "가구를 디자인하는 사람으로서, 내가 할 수 있는 일은 없을까?"

그는 마스크 필터에 쓰이는 플라스틱 재료(폴리프로필렌)를 녹여 의자를 만들기 시작했어요. 의자 한 개를 만드는 데에는 마스크 약 1500장이 들어간다고 해요.

이 실험은 스브스뉴스에 소개되면서 많은 사람들의 주목을 받았어요. '재활용이 어렵다'는 말이 꼭 불가능하다는 뜻은 아니라는 걸 보여준 거죠. 김하늘 디자이너는 이렇게 말했어요. "완벽하지 않아도, 꾸준히 시도하다 보면 사회를 설득할 수 있어요."

버려진 마스크가 새로운 의자로 다시 태어나는 순간, 디자인은 세상을 바꾸는 또 하나의 언어가 됩니다.

폐기의 시간을 조금 늦추는 일입니다.

💬 그는 "완벽한 친환경"을 약속하지 않는다. 대신 "지연의 기술"을 통해 현실에서 가능한 친환경을 실천한다.

K-디자인을 꿈꾸며

Q 앞으로의 목표는 무엇인가요?

A 첫째는 꾸준히 오래 작업하는 것, 둘째는 한국 전체 디자인 레벨을 끌어올리는 겁니다. 해외에 나가 성과를 내는 것보다, 해외 디자이너가 한국으로 오게 만들고 싶습니다.

Q 결국 'K-디자인'을 상상하시는군요.

A 네. 저는 주인공이 아니어도 좋습니다. 큰 흐름 속에서 공을 세우는 사람이 되고 싶습니다.

Q 인생에서 가장 대담한 꿈은 무엇인가요?

A 어릴 적 꿈이 대통령이었어요. 영향력을 주는 자리라고 생각했거든요. 지금 디자이너로서 느끼는 보람이 그 꿈과 닮아 있어요. 앞으로 더 유명해지고, 더 진정성 있는 작업으로 큰 영향력을 주고 싶습

10대를 위한 대담한 ESG 이야기

니다.

💬 작은 나사 하나, 전시장에서 버려진 나무토막 하나를 통해 그는 디자인의 정치를 말한다. "영향력을 주는 사람"이라는 어린 시절의 꿈은, 지금 그의 손끝에서 다른 방식으로 실현되고 있다.

Q 마지막으로 하고 싶은 말씀이 있다면요?

A 지금 하고 있는 것들이 미래에는 더 큰 가치가 있을 거라 믿습니다. 때로는 쓴소리도 듣겠지만, 책임감을 가지고 활동을 이어갈 테니 응원해 주시면 감사하겠습니다.

💬 그는 자신을 '디자인 대통령'이라 부르진 않았지만, 이미 그 길을 향해 묵묵히 나아가고 있었다.

'대담해' 유튜브 채널에서 영상으로 만나보기

더 나은 생각

마스크는 왜 일반 쓰레기일까?

지속가능한 디자인, 어떤 것들이 있나요?

팬데믹 3년, 9000억 개의 마스크가 남긴 발자국

코로나19 팬데믹 기간 전 세계에서 소비된 마스크는 9000억 개. 이는 팬데믹 이전 생산량의 20배에 달한다. 중국 산둥 대학과 영국 리즈 대학, 미국 메릴랜드 대학, 호주 애들레이드 대학 등 국제연구팀의 분석에 따르면 마스크 1개당 20.5g의 이산화탄소가 배출돼, 3년간 총 1800만 톤의 온실가스가 쌓였다. 대부분은 석탄 화력으로 생산된 전력과 폐기 소각에서 비롯됐다. 연구진은 마스크 사용이 불가피했던 만큼 생산·폐기 과정의 탄소를 줄이는 기술과 재생에너지 전환이 시급하다고 지적했다. '위생의 방패'였던 마스크가 지구엔 또 다른 부담이 됐다.

중앙일보 / 코로나 3년, 마스크 9000억개썼다...온실가스 1800만톤배출 / 2023.09.26

Think Point
마스크처럼 꼭 써야 하지만 지구엔 해로운 물건은 또 어떤 게 있을까요? 그걸 더 잘 쓰는 방법은 없을까요?

KF80 이상 보건용 마스크의 주성분은 폴리프로필렌 부직포. 소각 시 유해물질을 내뿜고, 매립되면 분해까지 450년이 걸린다. 더 큰 문제는 복합 구조다. 코 지지대 철사, 고정 플라스틱, 부직포 등이 섞여 있어 사실상 분리배출이 불가능하다. 환경부 지침에 따라 모든 마스크는 '일반 쓰레기'로 처리된다. 결국 재활용 불가 구조가 만든 필연적 오염 물질. 김하늘 디자이너의 시선은 여기서 출발했다. "버려지는 순간, 새로운 소재가 될 수 있다"는 가능성은 문제의식에서 비롯된 실험이었다.

노컷뉴스 /일회용마스크 '폭증'...환경오염에 2차감염우려도 / 2020.03.12

Think Point
버려지는 물건을 그냥 쓰레기가 아니라 '새로운 재료'로 본다면, 세상이 어떻게 달라질까요?

태양광 충전 배터리 '솔라카우'는 학교에 소 모양의 태양광 충전 설비를 설치하고, 여기에 연결해 충전할 수 있는 배터리를 '딱 하루치만' 학생들에게 나눠준다. 아이들이 학교에 와야만 배터리를 충전할 수 있도록 설계된 구조. 덕분에 보호자가 아이를 일터 대신 학교로 보낼 수밖에 없다. 또 다른 프로젝트인 '아이라이크 플랫폼'은 폐휴대전화 부품을 활용한 이동식 안구 검사 기기다. 의료 접근성이 낮은 지역에서도 망막 검사를 손쉽게 받을 수 있고, 온라인 기부 플랫폼과 연계해 치료비를 마련할 수 있도록 했다. 두 프로젝트 모두 국제 디자인 어워드에서 수상하며 주목을 받았다. 지속가능한 디자인은 단순히 친환경을 넘어, 교육·의료 같은 사회문제의 해법으로 확장되고 있다. 김하늘 디자이너의 마스크 업사이클링 작업 역시 이 흐름 속에 놓여 있다.

Think Point
디자인이 세상을 바꿀 수 있다면, 여러분은 어떤 디자인으로 세상을 바꾸고 싶은가요?

생태학의 아버지가 놀란
대한민국 생태관광지

장이권 교수

ESG 키워드　　#생태감수성 #멸종위기종 #서식지보전 #환경 #생물다양성

세계자연보전연맹(IUCN)에 따르면, 2025년 기준 멸종 위기에 처한 생물 종은 약 17만 종에 이른다고 합니다. 이건 단순히 한 종이 사라지는 문제가 아니라, 지구 생태계의 균형이 무너지는 일입니다.

'한국생태학의 아버지'로 불리는 장이권 이화여대 교수는 이런 문제의식을 바탕으로 오랫동안 연구를 이어오고 있습니다. 멸종 위기종인 수원청개구리 보전 활동부터, 동물의 소리와 의사소통을 연구하는 생태 음향학까지 자연을 이해하고 보호하기 위한 다양한 실험과 시도를 해왔죠.

장이권 교수는 "모든 생명은 소통한다"는 믿음 아래, 인간과 자연이 함께 살아갈 방법을 찾아야 한다고 강조합니다. 이번 인터뷰에서는 동물의 의사소통 방식, 생태 감수성 교육, 그리고 보전의 성공과 실패 사례를 통해 장교수의 연구 여정과 시각을 함께 들어봅니다.

"모든 생명은 소통을 합니다. 제가 하는 일은 그 언어를 듣는 일이죠."

Q 교수님께서 연구하시는 동물들은 어떤 방식으로 의사소통을 하나요?

A 모든 생물은 의사소통을 합니다. 동물뿐만 아니라 식물도, 심지어 박테리아도 소통을 하지 않으면 살 수가 없어요. 저는 그중에서도 '소리'를 통한 의사소통에 관심이 많습니다.

💬 동물의 목소리는 단순한 울음이 아니라 '의도'다. 배가 고프다, 경계하라, 여기로 오라. 짧은 소리가 문장처럼 기능할 때가 많다. 사람의 언어와 다르지만, '원하는 바를 전달한다'는 점에서 본질은 같다. 장 교수는 "아침에 집고양이가 '냥' 하고 울었을 때, 돌봐 달라고 하는 것이든 인사를 하는 것이든 분명한 뜻이 있다"며 웃었다.

Q 혹등고래 노래가 유명하다고 들었습니다. 직접 들어 보신 적이 있으신가요?

A 불과 몇 주 전에 혹등고래 소리를 들었습니다. 혹등고래는 매년 새로운 노래를 만들어 부르기도 하는데, 마치 유행가처럼 해마다 달라집니다. 실제로 들으면 압도적인 경이로움이 밀려옵니다.

💬 고래의 소리를 연구자들은 '지구상에서 가장 긴 교향곡'이라고 부르기도 한다. 노랫말은 없지만, 바다를 가득 채우는 그 울림이 인간의 언어를 넘

어선 감각을 선사한다.

이날 대담에는 이화여자대학교 커뮤니케이션·미디어학과 학회 '이화시즘 (EWHA Communication in Social Media)' 소속 학생들이 함께했다. '세상과 소통하는 커뮤니케이터가 되자'는 목적으로 SNS·소셜 이슈를 탐구하는 이들은, 호기심 가득한 질문을 던졌다.

Q 동물도 사람처럼 사투리를 쓸까요?

A 네, 그렇습니다. 같은 종이라도 지역마다 소리가 다릅니다. 혹등고 래도, 참새과 새들도 학습을 통해 소리를 전수받기 때문에 지역별 로 사투리가 있습니다.

10대를 위한 대담한 ESG 이야기

Q 최근 반려동물 번역 앱이 인기를 끌고 있는데, 실제로 신뢰할 만한 가요?

A 개나 고양이의 기본적인 상태나 감정은 어느 정도 해석할 수 있습니다. 다만 상황과 맥락에 따라 달라질 수 있으니 참고만 하고 100% 믿으면 안 됩니다.

💬 기술은 '힌트'를 줄 뿐, 관계를 대신하진 못한다. 동물의 언어를 이해하는 가장 좋은 방법은 결국 함께 시간을 보내는 일이다.

수원청개구리와 멸종 위기의 의미

Q 교수님이 특별히 애정을 갖는 종이 수원청개구리라고 들었습니다. 왜 관심을 갖게 되셨나요?

A 처음에는 귀뚜라미를 연구했는데 학생들이 곤충에는 큰 관심이 없더군요. 그래서 '가장 예쁜 동물'을 떠올렸는데 청개구리였습니다. 연구하다 보니 수원청개구리가 멸종 위기에 처한 걸 알게 됐고, 다른 연구자가 없으니 내가 해야겠다는 책임감을 가지게 됐습니다.

💬 관심의 출발은 '예쁜 동물'이었지만, 곧 '책임'으로 바뀌었다. 생명 하나가 사라지는 것은 한 장의 풍경이 통째로 지워지는 일과 같다.

수원청개구리의 개체 수

추정 개체 수
약 2,000마리

멸종 위기종 보호의 필요성

유기적으로 연결된 생태계는
특정종의 멸종도 중요하게 생각해야 한다

대담했다.
대담할까?

Q 수원청개구리와 일반 청개구리는 어떻게 구분할 수 있나요?

A 외형만 봐서는 알기 어렵습니다. 하지만 소리를 들으면 확실히 구분할 수 있죠. 청개구리는 둔탁한 음색이고, 수원청개구리는 더 높은 주파수로 맑게 울음소리를 냅니다.

💬 장이권 교수는 "3000Hz 정도로 '꽥꽥' 하는 게 청개구리, 3300Hz 정도로 '깽깽' 하는 게 수원청개구리"라고 웃으며 설명했다.

Q 현재 개체 수는 얼마나 되나요?

A 전국을 돌며 소리로 개체 수를 세고 있습니다. 약 2000마리 정도로 추산되는데, 많지 않은 수치입니다.

Q 멸종 위기종을 보호하는 이유를 묻는 사람들이 많습니다. 한 종이 사라지면 실제로 큰 변화가 생기나요?

A 개별 종만 보면 별일 아닌 것처럼 보일 수 있습니다. 하지만 한 종은 전체 생태계의 연결망 속에 존재합니다. 그 연결이 끊기면 균열이 생기고, 결국 다른 종과 환경 전체에 영향을 미치게 됩니다.

💬 이날 이화시즘 학생 중 한 명은 "어릴 적엔 비 오는 날마다 올챙이를 잡아 기르곤 했는데, 요즘은 개구리 울음소리를 듣기 힘들다"고 말했다. 장 교수는 "도로 개설이나 주택 개발 등 서식지 변화가 가장 흔한 원인"이라며 도시화가 야생 개체군에 미치는 영향을 지적했다.

생태와 인간, 공존의 길을 찾아

Q 생태계 보전과 인간의 삶은 종종 충돌하기도 합니다. 우리 사회는 어떤 노력이 필요할까요?

A 법만으로는 충분하지 않습니다. 시민의식, 사회 전반의 태도가 바뀌어야 합니다. 자연을 보존해야 내가 이익을 얻을 수 있다는 인식이 자리 잡을 때 비로소 지속 가능한 보전이 가능합니다.

Q 실제로 성공적인 보전 사례를 본 적이 있으신가요?

A 제주도의 반딧불이 마을이 좋은 사례입니다. 철저히 불빛을 차단하며 반딧불이 서식지를 지켜냈습니다. 마을은 반딧불이 축제로 큰 수익을 얻고, 주민들은 보전을 위해 더 노력하게 되었습니다. 자연 보전과 지역 경제가 함께 가는 이상적인 사례라고 생각합니다.

💬 그는 당시 경험을 떠올리며 "전 세계 여러 관광지를 다녔지만, 한국 제주 곶자왈의 반딧불이가 최고였다"고 말했다. "숲 전체가 어둡고 반딧불이가 날아다니는 광경은 대자연의 경이 그 자체였다"는 설명이다.

Q 반대로, 나쁜 사례는요?

A 필리핀 네그로스 섬은 전라남도만 한 면적이 모두 오일팜과 사탕수수 농장으로 개간됐습니다. 멀리서 보면 푸르른 숲 같지만 실제

10대를 위한 대담한 ESG 이야기

로는 단일 작물의 농장일 뿐입니다. 우리 편의점 상품 중 상당수에 팜유가 들어 있다는 점을 생각하면, 소비자의 작은 선택이 결국 먼 지역의 생태계에 영향을 미치는 셈이지요.

Q **교수님 개인적으로 꿈꾸는 세상은 어떤 모습인가요**

A 어린 시절부터 자연과 함께 놀고 배우는 경험이 중요하다고 생각합니다. 아이들이 올챙이를 길러 개구리가 되는 과정을 지켜보며 생명과 책임을 배우는 것, 그것이 생태 감수성을 키우고 인성을 형성합니다. 이런 경험이 많아지는 사회가 된다면, 자연과 인간이 함께 살아갈 길이 더 넓어질 것입니다.

💬 어릴 적 작은 물그릇 하나가 수족관이 되고, 마침내 숲을 이해하는 창이 된다. 자연을 배우는 시간은 곧 사람을 배우는 시간이다

'대담해' 유튜브 채널에서 영상으로 만나보기

환경부가 지정한 단 하나의 멸종위기 1급 양서류는?

수원청개구리는 한국 고유종으로, 환경부 지정 멸종위기 야생생물 1급으로 등재된 유일한 양서류다. 1977년 일본 학자가 수원 농진청 앞에서 채집해 신종으로 보고하면서 이름이 붙었으며, 현재는 수원과 경기·강원 일부 지역에 소수만 남아 있다. 세계자연보전연맹(IUCN) 적색목록에서도 위기(EN) 종으로 분류돼 그 심각성이 국제적으로 확인됐다. 이화여대 연구팀이 2015~2017년 전국 122곳을 조사한 결과 평균 개체수는 약 2510마리에 불과했고, 인천·경기 5곳에서는 3년 연속 울음소리가 사라져 지역 절종이 확인됐다. 주요 위협 요인은 도시개발로 인한 습지 소실과 농약 노출이며, 전문가들은 당시, 이런 추세가 지속될 경우 10년 안에 완전 멸종에 이를 수 있다고 경고했다.

Think Point
도시가 커질수록 사라지는 생명들이 있다면, 우리는 어디까지 도시를 개발해야 할까요?

반세기 만에 야생동물 4분의 3 사라졌다

WWF(세계자연기금)와 런던동물학회가 발표한 2024 지구생명보고서에 따르면, 지난 50년간(1970~2020년) 전 세계 야생동물 개체군 규모가 평균 73% 감소한 것으로 나타났다. 특히 담수 생태계는 85%로 가장 큰 폭의 감소를 보였고, 육상(69%)과 해양(56%)이 뒤를 이었다. 지역별로는 라틴아메리카와 카리브해가 95% 감소하며 가장 심각했고, 아프리카(76%), 아시아·태평양(60%) 역시 뚜렷한 하락세를 보였다. 주요 원인은 식량 생산지 개발로 인한 서식지 파괴와 황폐화였으며, 보고서는 이러한 추세가 지구의 생명 유지 시스템을 위협하고 사회 불안을 촉발할 수 있다고 경고했다.

Think Point
'동물이 사라진 지구'를 상상해본다면, 가장 먼저 어떤 장면이 떠오르나요?

"불빛 꺼주세요" 반딧불이의 무대가 된 곶자왈

제주 한경면 청수리는 한국을 대표하는 반딧불이 서식지로, 매년 6~7월 성충이 된 반딧불이의 활발한 구애 활동 시기에 맞춰 마을 주민들이 반딧불이 축제를 연다. 이곳에는 약 205만㎡(65만 평)에 달하는 곶자왈 지대가 자리하고 있는데, 곶자왈은 나무와 덤불이 어우러진 제주 고유의 원시림으로 빛 공해와 오염원이 없어 반딧불이를 관찰하기에 최적의 조건을 갖추고 있다. 축제 기간에는 방문객들이 마을 주민과 함께 곶자왈을 걸으며 반딧불이를 감상할 수 있으며, 반딧불이의 특성상 강한 불빛에 노출되면 불을 꺼버리기 때문에 불빛 사용이 금지되고, 모기 기피제 사용 역시 제한된다.

Think Point
내가 사는 동네에서도 '불빛 대신 별빛'을 볼 수 있으려면 무엇이 바뀌어야 할까요?

기후 위기, 빗물에서 답을 찾다

한무영 교수

ESG 키워드   #빗물관리 #기후위기 #물순환 #지속가능성 #홍수방지

극한 강우와 가뭄이 전 세계를 위협하면서 물 관리의 중요성이 점점 커지고 있습니다. 매년 반복되는 침수 피해와 가뭄은 우리나라 역시 기후 위기에서 자유롭지 않다는 사실을 보여주죠.

'빗물 박사'로 불리는 한무영 서울대 건설환경공학부 교수는 그 해답을 빗물에서 찾습니다. "빗물을 잘 관리하면 홍수도 막고 가뭄도 해결할 수 있다"는 그의 말은 단순한 수자원 관리의 차원을 넘어 기후 위기를 극복하기 위한 실천 전략을 제시하고 있습니다.

이번 인터뷰에서는 빗물과 기후위기의 관계부터 빗물 관리 사례까지, 한 교수의 연구와 철학을 함께 들어봅니다.

"상하수도가 인간 수명을 30년 연장시켰습니다."

Q 물 전문가가 되신 특별한 계기가 있으셨나요

A 물은 도시 전체를 살려주는 일을 합니다. 인간의 평균 수명이 많이 늘어난 데 기여한 것이 바로 상하수도예요. 깨끗한 물을 주니까 병이 줄고, 하수를 잘 처리하니까 주변이 위생적으로 변했죠. 상하수도가 평균 수명을 30년 늘렸다는 자부심으로 이 분야에 뛰어들었고, 지금까지 이어오고 있습니다.

💬 상하수도는 흔히 당연하게 여겨지지만, 사실 인류 수명을 획기적으로 늘린 혁신이었다. 그의 학문적 뿌리도 바로 여기서 출발했다.

Q '빗물 박사'라는 별명은 어떻게 붙게 됐나요?

A 저는 원래 댐·파이프라인 같은 전통적 수처리 전공자였습니다. 그런데 2000년대 초 우리나라에 가뭄이 들었을 때, 다들 물이 없다고 하면서도 비가 오면 그냥 버리더군요. 그게 이해가 안 됐습니다. 강물은 공장 폐수와 분뇨가 섞여 더럽지만, 지붕 빗물은 먼지와 새똥 정도만 거르면 충분히 깨끗하거든요. '저런 물도 정화할 수 있는데 왜 빗물은 안 쓰지?' 하는 생각으로 연구를 시작했습니다.

💬 가뭄과 빗물의 모순이 전환점이 됐다. 버려지는 자원을 새로운 수자원으로 보는 시각이 그의 연구를 이끌었다.

Q 빗물과 기후 위기는 어떤 관계가 있을까요?

A 기후 위기는 크게 두 가지로 나타난다고 봅니다. 첫째는 물 문제(홍수·가뭄·수질), 둘째는 불 문제(폭염·산불)예요. 그런데 잘 보면 다 빗물과 관련돼 있습니다. 산불이 나면 다들 '비가 와야 꺼진다'고 하잖아요. 폭염 때도 '비가 좀 오면 시원해질 텐데'라고 기대하죠. 홍수 역시 빗물이 한꺼번에 내려서 생깁니다. 결국 빗물을 잘 관리하면 물·불 문제를 동시에 해결할 수 있습니다.

Q 교수님께서 강조하시는 핵심 메시지는 무엇입니까?

A 해법은 단순합니다. 비가 올 때 잘 받아 두는 겁니다. 홍수 때는 넘치지 않게 막고, 가뭄에는 모아둔 걸 쓰면 됩니다. 기후 위기 적응에서 가장 손쉬우면서도 효과적인 전략이 바로 빗물 관리입니다.

세계 모델이 된 빗물 관리

Q 빗물 관리의 사례가 있을까요?

A 서울 광진구에 있는 스타시티라는 주상복합 아파트 아시죠? 단지 지하에 3000톤짜리 빗물 탱크를 제가 설계했는데, 원래 상습 침수 지역이었지만 그 이후 홍수가 사라졌습니다.

Q **구체적으로 어떤 원리인가요?**

A 탱크를 칸을 나누어서 1000톤짜리 세 구획으로 나눴습니다. 첫 번째 통은 홍수 방지용이에요. 비가 100mm까지 쏟아져도 한 방울도 하수관으로 안 내려가고 다 이쪽으로 들어가니까, 예전엔 침수 피해가 심했던 단지가 이제는 물난리가 안 나죠. 두 번째는 물 절약용으로 썼습니다. 단지 안에 실개천도 있고 폭포도 있는데, 조경용수를 다 여기서 공급하고요. 청소용수로도 활용합니다. 세 번째는 비상용입니다. 혹시 근처에 불이 나면 퍼 쓰라고 하고, 단수가 되면 주민들이 쓰실 수 있게 준비한 거죠. 전 이 세 통에 철학을 담았다고 생각해요. 남을 위해, 나를 위해, 모두를 위한 구조죠. 저는 이 안에 홍익인간 정신이 들어가 있다고 생각합니다.

Q **최근 김포 신도시 침수 같은 사례를 보면, 이런 시설이 더 절실한데요**

A 맞습니다. 원칙은 단순합니다. 자기 땅에 떨어진 빗물은 자기가 책임지는 것. 모두가 각자 몫을 조금씩만 관리해도 큰 홍수를 막을 수 있습니다.

Q **연구 과정에서 가장 어려웠던 점은 무엇인가요?**

A 사람들의 인식이었습니다. '산성비가 머리카락을 빠지게 한다'는 식의 근거 없는 오해가 퍼져 있었죠. 실제로는 음료수보다 약한 산

홍수와 가뭄의 해결책 빗물

빗물에 대해 정확히 알면
기후위기 해결책의 실마리가 될 것

모·모·모 물 관리를 실천하는 사회

성인데도, 학자들조차 쉽게 그 생각을 벗어나지 못했습니다. 빗물은 위험한 게 아니라 자원이라는 인식을 바꿔야 합니다.

Q '세계 빗물의 날' 제정을 준비 중이시라고 들었습니다.

A 기후 위기에 대한 즉각적 해법은 빗물입니다. 그래서 UN에 세계 빗물의 날을 제안했어요. 날짜는 세종실록에서 영감을 얻었습니다. 1441년 8월 18일, 우리나라가 세계 최초로 측우기를 만든 날입니다. 이를 양력으로 바꾸면 9월 3일이에요.

💬 빗물 관리가 곧 한국의 역사와도 연결된다고 말했다. 세종대왕의 기록을 근거로 '세계 빗물의 날'을 제안한 건, 한국이 이 분야에서 목소리를 낼 수 있는 상징적 시도다.

Q 산불 방지에도 빗물이 쓰일 수 있을까요?

A 산불은 결국 산이 건조해서 나는 겁니다. 그래서 저는 산을 촉촉하게 만들어주면 된다고 생각했어요. 실제로 학생들과 야산에 가서 빗물을 모으는 웅덩이를 직접 만들어 봤습니다. 돌이나 나뭇가지로 간단히 턱을 세웠더니 물이 금세 고이고, 주변 땅이 촉촉해지더군요. 그걸 보면서 '이 정도면 불이 안 나겠다'는 확신이 들었습니다. 당시 '말모이'라는 영화가 유행했는데, 거기서 착안해 이름을 '물모이'라고 붙였죠.

Q 실제로 적용된 사례도 있습니까?

A 네, 광주의 한 야산에 '물모이'를 설치했습니다. 이후 토양 함수비와 온도를 측정해 보니, 빗물이 그냥 쓸려 내려가는 대신 머물러 땅속으로 스며드는 효과가 확인됐습니다. 그 물은 산불 진화에 쓸 수 있고, 산을 촉촉하게 유지해 불이 나는 것 자체를 예방하는 데도 도움이 됩니다.

💬 이 과정에서 흥미로운 장면도 포착됐다. 멧돼지들이 새끼를 데리고 '물모이'에 와서 물을 마시고 노는 모습이다. 만약 이런 수원이 없었다면 먹이를 찾아 민가로 내려와 사람과 충돌했을 가능성이 크다. '물모이'는 산불 예방뿐 아니라 생태계 보호, 홍수 조절, 가뭄 예방까지 이어지는 다목적 장치로 자리 잡고 있었다.

모두의 물, 모두의 책임

Q '레인스쿨 이니셔티브'는 어떤 취지로 시작하게 되셨나요?

A 손녀딸이 학교에서 무언가 배워 와서는 "할아버지, 물 너무 많이 쓰지 마세요"라고 하더군요. 그때 '이걸 학교 교육으로 가져오자'고 생각해서 '레인스쿨 이니셔티브'를 제안했습니다. 학교에서 빗물의 중요성을 가르치되, 아이들이 재미있게 놀면서 배우게 하자는 거였죠.

Q 어떤 방식으로 진행되나요?

A 제가 기가 막힌 아이디어를 냈습니다. 학교에 물과 기후를 연구하는 과학반을 만드는 겁니다. 그 과학반의 이름은 빗물의 B(Bimmul), 교사(Teacher)의 T, 그리고 학생(Student)의 S를 따서 'BTS'라고 지었습니다. "너희들은 BTS야"라고 하며 명찰도 주니, 아이들이 빗물에 관한 스토리텔링을 하고 그림을 그리고 노래와 춤을 만들며 무척 좋아했습니다. 학교에서도 이 BTS 특별반 학생들을 아주 자랑스러워하더군요. 졸업생이 후배를 가르쳐주는 선순환도 일어나고요. UN에도 'BTS 활동을 통한 레인스쿨 이니셔티브(Rain School Initiative through Activating BTS)'를 제안했습니다. 가장 먼저 동참한 곳이 캄보디아 교육부였는데, 모든 학교에 레인스쿨을 도입하기로 했습니다. 현재 10여 개 학교에서 시행 중이고 앞으로 100개, 1000개로 늘려나가는 것이 희망입니다.

💬 빗물을 배우는 교실은 곧 작은 실험장이 된다. 물을 모으고, 저장하고, 나누는 과정을 아이들이 직접 경험하면서, '절약'이 아니라 '순환'의 감각을 몸으로 익히는 것이다. 또 하나, 아이돌을 떠올리게 하는 이름 뒤에는 '교육의 놀이화'라는 전략이 숨어 있다. 명찰 하나, 스토리 하나가 학생들의 호기심을 자극했고, 그 작은 장치는 학습을 문화로 바꿔냈다.

Q 기업은 빗물 관리를 위해 어떤 노력을 할 수 있을까요?

A 지붕이 넓은 공장을 예로 들어보겠습니다. 저는 그 넓은 지붕이 '물 공장'이라고 봅니다. 그런데 이 '물 공장'에서 생산된 물을 지금껏 다 버려왔습니다. 공장 부지 내 빈 터를 활용해 지붕에 떨어지는 빗물을 모으는 겁니다. 저장 시설을 지상에 만들든 땅속에 묻든 상관없습니다. 이렇게 모아 둔 물은 화재 발생 시 소방차가 도착하기 전 초기 진화를 위한 소방용수로 아주 유용합니다. 20~30분을 기다리다 공장이 다 타버리는 상황을 막을 수 있죠. 또한 빗물을 가두는 것만으로도 홍수 방지 효과가 있습니다.

Q 기업의 사회적 책임과도 연결될 수 있겠네요?

A 기업이 산에 멋진 공장을 지었다고 해도, 제 관점에서는 그 불투수면(물이 땅속으로 스며들지 못하게 막는 아스팔트·콘크리트 같은 인공 표면) 때문에 빗물이 땅으로 스며들지 못하고 한꺼번에 흘러내려가 하류 지역에 홍수를 유발하는 겁니다. 공장이 들어서기 전에는 빗물이 땅속으로 들어가 지하수를 채웠는데, 아스팔트와 건물이 그 길을 막아버린 셈이죠. 이에 대한 책임을 져야 합니다. 전체에 대한 책임이 아니라, '내 몫'만이라도 다하자는 겁니다. 내 땅에 떨어진 빗물은 내가 관리한다는 생각으로 빗물 저장 탱크를 만들어 비 올 때 모아두면, 홍수도 방지하고 그 물을 유용하게 쓸 수도 있습니다. 그러면 멀리 댐에서 물을 끌어오지 않아도 되지 않겠습니까? 그리고 그 시설을 지역

주민들에게 개방하는 겁니다. 지역 상생으로도 이어질 수 있겠죠.

💬 빗물은 흘러가 버리지만, 책임은 남는다. '내 땅의 빗물은 내가 관리한다'
는 단순한 원칙이 기업과 지역을 잇는 다리가 된다.

Q 교수님께서 꿈꾸시는, 빗물 관리가 잘되는 미래는 어떤 모습인가요?

A 제가 '모모모 물 관리'라는 개념을 만들었습니다. 바로 '모두에 의
한, 모두를 위한, 모든 물의 관리'입니다. '모두에 의한'은 말씀드린
것처럼 각자 자신의 몫부터 다하자는 의미입니다. 이를 통해 나뿐
만 아니라 우리 이웃, 자연, 그리고 미래 후손까지 위하는 것이 '모
두를 위한' 관리입니다. '모든 물의 관리'는 파이프 안의 수돗물뿐
만 아니라, 파이프 밖의 물, 즉 산에 떨어지는 빗물, 땅속에 스며든
토양수까지 모두 아우르는 관리를 뜻합니다. 그래서 '모두에 의한,
모두를 위한, 모든 물의 관리'가 필요하다고 이야기합니다.

💬 빗물은 하늘에서 내려오는 '공짜 자원'이지만, 관리하지 않으면 홍수와 가
뭄이라는 재앙이 된다. 한무영 교수가 제시한 '모모모'는 개인, 기업, 지역
사회가 각자의 몫을 다하는 단순한 원칙이자, 기후위기 시대의 실천적 해
답이다. 물의 순환을 지키는 일이 곧 생명을 지키는 일이라는 메시지는, 이
대담을 넘어 우리 모두의 과제로 남는다.

'대담해' 유튜브 채널에서 영상으로 만나보기

더 나은 생각

서울대 '빗물박사', 강릉 가뭄 해법 제안…
"도시설계 차원 접근"

기후위기, '보이지 않는 물'로 이겨내자

기후위기 시대에는 물이 흘러가는 것보다 '머무는 것'이 더 중요해지고 있다. 토양에 스며드는 수분과 나무 뿌리에 머무는 물, 지하로 천천히 스며드는 빗물은 산불을 막고 생태계를 살리며 지하수를 채운다. 그러나 현재의 물관리 시스템은 이러한 '보이지 않는 물'을 다루지 못하고 있다. 단순히 강과 댐 등의 물을 가두고 배출하거나 수질 관리 정도에만 머물러 이외의 다른 물에 대한 관심과 시민들의 주도적인 참여에는 관심이 소홀한 편이다. 이를 극복하기 위한 새로운 물관리 철학으로 '모모모(MoMoMo)'가 제시됐다. 모모모는 '모든 물(Management of All Water)을, 모두가(by All), 모두를 위해(for All)' 관리하자는 개념이다. 빗물뿐 아니라 토양수, 식생수, 지하수를 포함하며 정부와 기관뿐 아니라 학교·마을·시민이 함께 참여해야 한다. 기술 중심의 관리에서 벗어나 자연 속에서 순환하고 머무는 물을 관리하는 것이 기후위기를 극복하는 첫걸음이라는 지적이다.

이투뉴스 /[전문가 진단] 기후위기, '보이지 않는 물'로 이겨내자/ 2025.05.10

Think Point
비가 온 뒤 흙, 나무, 하천의 모습을 관찰해 본 적이 있나요? 어디에 물이 가장 오래 머무를까요?

'빗물박사'로 알려진 한무영 교수는 학교를 중심으로 레인스쿨(Rain School)을 운영해 학생들이 빗물의 수질과 수량을 직접 관찰하고 기록하며 빗물을 생활 속에서 어떻게 활용할지 배울 기회도 마련해야 한다고 제안했다. 한 교수는 "단순한 강의형 수업을 넘어 학생들의 참여를 통해 기후 위기 대응 의식을 길러야 한다"고 강조했다. 강릉지역 청년들로 구성된 한 단체는 최근 이 같은 철학을 바탕으로 지역 초등학교에서 빗물 교육을 진행하고 있다.

연합뉴스 /서울대 '빗물박사', 강릉 가뭄 해법 제안…"도시설계 차원 접근" / 2025.08.25

Think Point
우리 학교에도 레인스쿨이 생긴다면, 어떤 실험이나 활동을 해보고 싶나요?

'집중 호우' 지하주차장 침수 우려…
인천시, 물막이판 1%뿐

인천에서 해마다 기후 변화로 인한 국지성 집중호우 피해가 커지고 있다. 특히 아파트 지하주차장은 침수 위험이 높지만, 지역 내 물막이판 설치율은 1%에 불과한 것으로 나타났다. 인천시 조사에 따르면 지하주차장이 있는 아파트 923곳 중 물막이판을 설치한 단지는 11곳(1.19%)뿐이다. 빗물 유입을 막아주는 우수저류시설 설치도 더디고, 배수를 돕는 빗물받이 청소도 충분히 이뤄지지 않아 피해 우려가 커지고 있다. 전문가들은 기후 변화가 단순한 날씨의 변화가 아니라 도시의 안전과 생활을 위협하는 현실적인 문제라고 지적한다.

경기일보 /'집중 호우' 지하주차장 침수 우려… 인천시, 물막이판 1%뿐 / 2025.07.06

Think Point
우리 동네나 학교 주변에도 비가 많이 오면 물이 고이거나 위험한 곳이 있나요?

지긋지긋한 미세먼지, 해결할 수 있을까?

김정훈 대기환경연구사

ESG 키워드

#미세먼지 #대기질 #기후변화 #에너지전환

하늘이 흐린 날, 창밖에 보이는 풍경은 단순한 안개일까요, 아니면 눈에 보이지 않는 위협일까요. 이제 미세먼지는 한국 사회의 일상적인 풍경이 되었고, 더 이상 계절을 가리지 않고 발생하고 있습니다. 자동차와 공장 등에서 미세먼지는 계속 배출되는데, 기후변화로 대기가 정체되는 날이 늘어나면서 쌓인 고농도 미세먼지가 우리의 눈과 호흡기를 괴롭히는 날이 길어지고 있습니다.

이런 미세먼지와 맞서 싸우기 위해 굴뚝 위 현장에서 시료를 채취하고, 항공기와 위성으로 오염을 추적하며, 생활 속 에너지 소비까지 살펴보는 사람들이 있습니다. 바로 '더스트 버스터즈(Dust Busters)'라 불리는 대기환경연구사들이죠. 그중 김정훈 연구사는 "측정 없는 관리도, 실천 없는 개선도 없다"는 신념으로, 미세먼지를 줄이기 위한 과학과 정책을 이어주는 일을 해왔습니다. 이번 대담에서는 미세먼지가 만들어지는 조건과 이를 줄이는 사회적·기술적 해법, 그리고 시민이 함께할 수 있는 작은 실천에 대해 함께 이야기합니다.

"미세먼지 없는 하늘로 반드시 돌아가야 합니다."

Q '더스트 버스터즈'라는 별명이 있으신데, 실제로 미세먼지를 잡으러
다니시나요?

A 많은 분들이 잠자리채로 잡냐고 농담처럼 물으시는데요.(웃음) 저
희는 공장에서 나오는 미세먼지나, 미세먼지를 되게 만드는 물질
들을 측정하고 나오지 않게 관리하는 일을 하고 있습니다.

💬 그의 역할은 '포획'이 아니라 '발생을 막는 일'에 가깝다. 미세먼지는 배
출원이 있어야 생기고, 배출원을 정확히 짚어 관리해야 줄어든다. 현장의
첫 단추는 "얼마나, 무엇이, 어떻게 나오고 있는지"를 믿을 수 있게 계량
하는 것이다.

Q 측정은 구체적으로 어떻게 하나요?

A 지금도 하는 가장 전통적인 방법은 굴뚝에 직접 올라가서 측정공에 장치를 넣고 시료를 채취하는 방식입니다. 위험하기도 하고 인력과 시간이 많이 소모되죠. 그래서 최근에는 차를 이동시키면서 측정하거나 빛을 이용한 원격 측정 같은 첨단 기술도 도입해 적용하고 있습니다.

💬 그의 설명에서 알 수 있듯, 미세먼지 연구는 단순히 대기 질을 관측하는 수준이 아니다. 위험한 굴뚝 위 현장부터 인공위성과 항공관측까지, 다양한 기술이 총동원된다. 팀명 '더스트 버스터즈'는 유년 시절 본 영화 고스트 버스터즈에서 따왔다. 진공청소기로 유령을 잡듯, '더스트(먼지)'를 겨냥하겠다는 뜻이다.

Q 미항공우주국(NASA)와도 공동 연구를 한다고 들었습니다.

A 같은 부서 안에는 여러 과가 있는데, 위성으로 넓은 범위를 관측하는 과도 있고요. 최근에는 나사와 함께 '아시아 에이큐(Asia AQ)'라는 캠페인을 진행하면서 항공기를 이용해 미세먼지 특성을 측정하기도 했습니다. 저는 주로 공장·산업단지 지역에서 오염 물질이 나오지 않도록 관리하는 역할을 맡고 있습니다.

10대를 위한 대담한 ESG 이야기

고농도 미세먼지가 등장하다

Q 미세먼지는 어떤 원인으로 발생하나요?

A 공장이나 자동차에서 발생하는 게 대표적입니다. 여기에 대기 정체가 겹치면 미세먼지가 축적돼 고농도로 이어집니다. 국외에서 들어오는 영향도 무시할 수 없고요. 여러 요인이 복합적으로 작용할 때 상황이 가장 나빠집니다.

Q '대기 정체'와 기후 변화가 미세먼지에 영향을 준다는 얘기가 있습니다.

A 맞습니다. 바람이 불지 않아 오염 물질이 쌓이고, 그 상태에서 계속 배출되면 농도가 높아지는 거죠. 최근 연구에서도 기후 변화가 큰 역할을 한다고 보고 있습니다.

Q 전기차 전환이 도움이 될까요?

A 도움이 명확히 될 수 있다고 생각합니다. 주변에서 돌아다니는 배출원이 줄면 당연히 개선이 되겠죠. 다만 전제 조건이 있습니다. 전기를 안전하고 깨끗하게 생산할 수 있어야 합니다. 그렇지 않다면 효과가 반감될 수 있습니다.

💬 즉 그는 전기차는 미세먼지를 줄이는 데 큰 도움이 되지만, 전기차를 움

대기정체 상황 ▶ 미세먼지 발생

각자의 자리에서
에너지 소비를 줄이려는 노력이 중요!

누구나 할 수 있는 일입니다

직이는 데 필요한 전기를 생산하는 것도 친환경이어야 한다는 것을 분명히 밝히고 있다.

Q 정부는 어떻게 대응하고 있나요?

A 보통 3월부터 '미세먼지 총력 대응'을 합니다. 산업 시설을 더 강하게 관리하고, 필요할 경우 가동률을 낮추도록 요청하기도 합니다. 자동차의 경우 노후 차량은 특정 지역에 진입하지 못하게 하고, 공사장 비산먼지도 줄이도록 관리합니다. 정책을 만들 뿐 아니라 정책이 제대로 작동하는지 감독하는 일도 하고 있습니다.

작은 실천이 만든 복구의 기억

Q 예전에 헤어스프레이 쓰지 말자는 얘기도 있었죠.

A 네. 예전에는 프레온가스를 냉매로 쉽게 썼는데, 오존층을 파괴한다는 사실이 밝혀지면서 사용을 줄이자는 캠페인이 있었죠. 작은 행동 하나하나가 모여 변화를 만든 겁니다. 2040년이면 오존층이 1980년대 이전 수준으로 회복될 거라는 전망도 있습니다.

💬 그가 꺼낸 '오존층'의 사례는 중요한 힌트다. 사람들이 공동의 문제점을 인식하고 개선을 위해 생활 속 실천이 늘어나면 비록 망가진 하늘도 회복할 수 있다는 경험. 미세먼지도 그 길을 밟을 수 있다는 뜻에서 그는 '작은 실천'을 강조했다.

Q 개선을 위해 가장 필요한 것은 무엇이라고 보세요?

A 에너지 소비를 줄여야 됩니다. 가까운 거리는 걸어다니고, 쓰지 않는 불은 끄고, 불필요한 소비를 줄이는 게 근본적인 답이라고 생각합니다.

Q '미세먼지 없던 그 시절'로 돌아갈 수 있을까요?

A 돌아가야죠. 반드시 돌아가야 합니다.

💬 "그럼 더스트 버스터즈는요?"라는 농담에 그는 웃으며 말했다. "먹고는 살아야 되긴 하는데… 다른 오염 물질도 많으니까요."
미세먼지가 사라진 뒤의 일까지 상상하는 사람. 그의 일은 오늘도 굴뚝에서, 도로에서, 그리고 우리의 습관 속에서 계속된다.

'대담해' 유튜브 채널에서 영상으로 만나보기

10대를 위한 대담한 ESG 이야기

미세먼지, 어디서 왔는지 NASA와 살펴보다

환경부 소속 국립환경과학원은 미항공우주국(NASA) 등과 아시아 대기질 공동 조사를 2월부터 3월까지 실시한다고 밝혔다. 봄철에 진행했던 지난 1차 조사와 달리 이번에는 미세먼지 등 대기 오염 정도가 심한 겨울철에 실시해 보다 자세한 분석이 가능할 전망이다. 이번 조사에는 양국의 연구기관, 아시아 국가들의 정부 및 연구기관, 학회, 학계 전문가 등 약 45개 팀 총 500여 명이 참여한다. 국립기상과학원은 온실가스 측정을 위한 항공, 선박 및 지상관측에 참여하고, 항공기상청은 기상예보를 지원할 예정이다. 국내에서는 환경 위성, 항공기 6대, 지상관측소 4개소, 원격관측소 12개소, 대기질 모델링이 동시에 활용된다. 미항공우주국은 연구용 항공기 2대를 우리나라에 투입하고, 우리나라는 미항공우주국 항공관측에 직접 참여하며 자체적으로 항공기 4대, 위성 및 지상관측, 대기질 모델링을 동시에 진행할 예정이다.

뉴시스 /내일서울상공 500m 저공비행 "놀라지마세요"...대기질조사 / 2024.02.18

Think Point
미세먼지를 줄이려면, 우리 일상에서 먼저 바꿀 수 있는 건 뭐가 있을까요?

더 나은 생각

"전기는 같아 보여도, 만드는 방식은 다르다"

석탄과 가스를 태워 얻는 화력발전은 여전히 한국의 주요 전력 생산 수단이다. 하지만 이 과정에서 쏟아지는 이산화탄소는 기후위기의 주범이 된다. 원자력은 이러한 각종 오염물질 배출이 적지만, 안전성과 폐기물 문제가 풀리지 않은 숙제다. 태양광·풍력·수력·지열 같은 재생에너지는 연료를 태우지 않기에 비교적 깨끗하지만, 설치 공간과 안정적 공급이라는 숙제가 남아있다. 국제사회는 화석연료에서 재생에너지로 전환하기로 약속했고, 실제로 그 비중이 빠르게 늘고 있다. 그러나 2024년 기준 한국의 신재생 발전 비중은 10.6%에 불과하다. 같은 해 세계 평균이 32% 였음을 감안하면 여전히 뒤처져 있다. 지구와 우리 모두에게 '안전한 전기'는 기술만이 아니라 선택과 실행의 문제라는 사실이 분명해지고 있다.

Think Point
우리가 쓰는 전기가 어디서 오는지 생각해본 적 있나요? 만약 고를 수 있다면 어떤 전기를 쓰고 싶나요?

10대를 위한 대담한 ESG 이야기

파괴된 오존층, 2066년 완전히 회복된다

보고서는 극지방을 제외하고는 2040년까지 오존층이 완전히 회복될 것으로 내다봤다. 북극 상공의 경우 2045년, 남극 상공은 2066년에 원상태를 찾을 전망이다. 오존층을 갉아먹는 주요 화학물질의 대기 중 농도는 매우 낮은 수준이다. 염소 수치는 1993년에 최고치를 기록한 이후 11.5% 감소했다. 브로민 수치는 1999년 최고치를 찍고 나서 14.5% 감소했다. 보고서는 1987년 체결된 '몬트리올 의정서'가 오존층 회복에 중요한 역할을 했다고 평가했다. 몬트리올 의정서에는 프레온가스로 알려진 염화불화탄소(CFC) 등 오존층 파괴 주범인 약 100가지 기체 물질 생산을 단계적 축소하기 위한 국제사회의 계획이 담겼다. 가디언에 따르면 몬트리올 의정서는 오존층을 파괴하는 화학물질의 99%를 제거하는 데 기여했다.

Think Point
오존층을 지킬 땐 전 세계가 함께 움직였어요. 지금 우리가 기후 문제를 해결하려면 어떤 약속이 필요할까요?

4장

지금,
ESG를 말한다는 것

ESG는 이제 잠깐의 유행이 아니라, 사회와 기업이 어떤 가치로 살아남을지를 결정하는 기준이 되었어요. 하지만 여전히 질문이 남아 있죠. "환경과 경제는 함께 갈 수 있을까?", "기업이 말하는 ESG는 진짜일까?" 이 장은 그런 질문을 두고 환경과 사회, 기업 현장에서 일하는 네 명의 전문가가 나눈 대화를 담았어요. 환경과 사회, 기업 현장에서 활동하는 사람들이 각자의 자리에서 ESG의 현실과 미래를 이야기합니다. 그들의 대화를 따라가다 보면, ESG가 거창한 개념이 아니라 사람들의 선택과 행동에서 시작되는 변화의 언어라는 걸 느낄 수 있을 거예요.

이 장은 서로 다른 자리에서 진행된 인터뷰를 바탕으로, 한자리에 모여 대화하는 형식으로 재구성했어요. 말의 흐름을 이해하기 쉽게 정리하고, 사회자의 말은 덧붙였습니다.

사회 **전 세계적으로 ESG라는 개념에 대한 관심이 높아지고 있는데요. 오늘은 ESG 트렌드를 한자리에서 짚어보겠습니다. 트리플라잇 정유진 대표님, 데이터 분석 전문가 정석환 연구원님, 유엔글로벌콤팩트(UNGC) 한국협회의 이은경 실장님, 넷제로 전략수립 전문가 유혁균님 모셨습니다. 네 분 반갑습니다.**

정유진 안녕하세요, 정유진입니다. 저는 '임팩트 측정'이라는 일을 하고 있어요. 조금 어렵게 들릴 수도 있지만, 쉽게 말하면 '좋은 일이 실제로 얼마나 변화를 만들었는지'를 살펴보는 일이에요. 예를 들어 기업이 환경 보호 캠페인을 했을 때, 그게 단순히 홍보로 끝났는지, 아니면 정말 탄소를 줄였는지를 데이터로 확인하는 거죠. 저는 이런 과정을 통해 '좋은 의도'가 '진짜 변화'로 이어지도록 돕는 일을 합니다.

정석환 안녕하세요, 정석환입니다. 저는 '데이터 분석 전문가'로 사람들의 일상 데이터를 분석하고 있어요. 조금 쉽게 말하면, 사람들이 요즘 어떤 생각을 하고, 어떤 행동을 하는지를 관찰하는 일이에요. 예를 들어 '친환경 소비'가 늘었다면, 그게 단순한 유행인지, 아니면 진짜 가치관의 변화인지 데이터를 통해 알아보는 거죠. 이런 기록을 쌓다 보면 세상이 어떤 방향으로 움직이고 있는지, 사람들이 무엇을 중요하게 여기는지를 볼 수 있어요.

이은경 저는 유엔글로벌콤팩트 한국협회에서 일하고 있습니다. 조금 어렵게 들릴 수 있는데, 쉽게 말하면 기업이 '지속가능한 방법'으로 일하도록 돕는 기관이에요. 환경을 해치지 않고, 사람을 차별하지 않으며, 정직한 방식으로 일하는 것이죠. 기업이 돈만 벌겠다고 달릴 때, '이게 사회에도 좋은 방향일까?'라고 묻는 것이 저희 역할이에요.

유혁균 안녕하세요. 넷제로 전략수립 전문가 유혁균입니다. '넷제로'는 탄소 배출을 0으로 만드는 목표예요. 쉽게 말하면, 공장에서 나오는 이산화탄소를 최대한 줄이고, 남은 양은 다시 흡수하거나 상쇄해서 결국 '0'으로 맞추는 것이죠. 회사 입장에선 쉽지 않은 도전이에요. 생산을 멈출 수는 없으니까, 기술을 바꾸고, 재료를 바꾸고, 협력업체와 함께 새 방법을 찾는 과정이 필요하죠. 하지만 저는 이런 노력이 결국 기업을 더 건강하게 만든다고 믿어요.

사회 **세 분의 이야기를 들으니 ESG가 단지 기업의 의무가 아니라 우리 모두의 생활과 연결된 일이라는 게 느껴집니다. 그렇다면 지금, ESG는 어디로 가고 있을까요? 이제부터 본격적으로 이야기를 시작해볼까요?**

사회(S)의 부상: 일상에서 올라온 신호들

사회 ESG 하면 흔히 환경(E)을 먼저 떠올리지만, 최근에는 사회 (S)도 중요해졌다는 말이 많습니다. 왜일까요?

정유진 코로나 이후 수면 아래 있던 문제들이 확 드러났습니다. 빈부 격차, 의료 접근성 격차 같은 것들이 대표적이죠. 국민 1000명을 대상으로 '기업이 주목해야 할 사회문제'가 무엇인지 물었는데, 1위가 '취약계층 사회 안전망 부족'이었습니다. 국민들은 가장 시급하다고 생각하지만 정작 기업이 거의 주목하지 않은

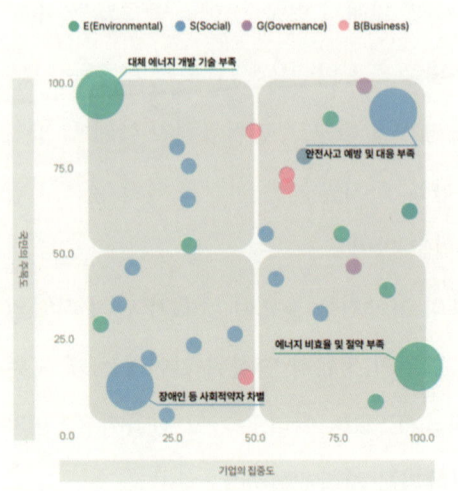

대체 에너지 개발 기술 부족

안전사고 예방 및 대응 부족

에너지 비효율 및 절약 부족

장애인 등 사회적약자 차별

CSES·트리플라잇 공동연구 '2024 한국인이 바라본 사회문제'
〈국민이 주목하는 사회문제와 기업이 집중하는 사회문제〉

항목이기도 했습니다. 사회의 기대와 기업의 행동 사이에 큰
간극이 있다는 걸 보여주는 사례죠.

또 '형평성(Equity)'을 이해하는 시각도 중요합니다. 담장 너머
야구 경기를 보려는 세 사람이 있다고 해볼까요. 키 큰 사람, 중
간 키, 작은 키의 사람이 있는데 모두에게 똑같은 높이의 상자
를 주면(평등, Equality) 키 큰 사람은 쉽게 볼 수 있지만 키 작은
사람은 여전히 못 봅니다. 형평성은 각자에게 필요한 높이를
다르게 주는 거죠. 키 작은 사람에게 더 높은 상자를, 중간 키에
게는 그보다 낮은 상자를, 키 큰 사람은 상자가 필요 없을 수도

ESG 경영의 모든 영향력을 의미하는 'ESG 임팩트'

있습니다. 누군가는 '왜 나는 상자가 없지?' 하고 억울할 수 있지만, 그 현실을 수용하고 다른 사람이 경기를 볼 수 있게 인정하는 게 포용(Inclusion)입니다. 이런 사고방식이 사회문제를 다루는 태도에서 점점 더 중요해지고 있어요.

사회 **기업만의 과제가 아니라 개인도 연결된다는 말씀이네요?**

정유진 그럼요. 예전에 불매운동 사례가 많았잖아요. 어떤 기업이 잘못을 저질렀을 때, 우리가 아무렇지 않게 그 제품을 계속 산다고 생각해 보세요. 그 기업이 스스로 잘못을 인정할까요? 절대 아니죠. 하지만 소비자들이 외면하면 기업은 행동을 바꿀 수밖에 없습니다. 우리가 하는 작은 소비 선택이 모여 결국 더 나은 사회적 가치를 만드는 거예요.

정석환 데이터에서도 그 흐름이 분명히 보입니다. 팬데믹 시기 배달이 폭증하면서 일회용기와 쓰레기가 눈에 보이게 늘어났죠. 그때 처음 떠오른 표현이 '지구에 죄책감이 든다'였습니다. 예전엔 '엄마한테 죄책감이 든다'처럼 가족을 대상으로 쓰던 단어였는데, 이제 지구까지 죄책감의 대상이 확장된 겁니다.

실제 수치를 보면 더 분명합니다. 2019~2020년 당시 '친환경'이라는 단어의 월간 언급량이 1만 5000건 정도였는데, '플라스틱'은 4000~6000건 수준이었어요. 그런데 그 안에서 '미세 플라스틱'은 늘 공포(fear)와 연결된 키워드로 나왔습니다. 사람들은 보이지 않는 작은 조각이 몸에 쌓이는 걸 두려워했고, 그 불안이 친환경 담론을 밀어 올렸습니다.

또 '빨대' 논쟁 기억하시죠? 플라스틱 빨대를 종이 빨대로 바꾸는 게 과연 친환경의 해법인가를 두고 격렬하게 토론이 벌어졌습니다. 단순히 '좋다/나쁘다'가 아니라, 어떤 대안이 진짜 효과적인지까지 이야기한 거예요. 인식 수준이 굉장히 높아진 신호라고 할 수 있습니다.

사회 말씀을 듣고 보니 '사회(S)'라는 축이 기업과 개인을 관통하고 있다는 게 실감납니다. 이제 ESG는 기업 보고서의 항목이 아니라, 우리의 일상 언어와 감정 속에서 이미 움직이고 있군요.

'단어'가 아니라 '증거'

사회　요즘 '워싱(Washing)'이라는 말이 자주 들립니다. '씻기'를 의미하는 이 단어는 친환경 제품인 척, ESG와 가까운 척 겉만 포장하는 걸 두고 하는 말이죠. 어떻게 구별할 수 있을까요?

정유진　대표적인 사례가 독일의 도이체방크(Deutsche Bank) 사건입니다. 이 은행의 자회사는 투자 상품을 팔면서 일반 상품을 ESG 상품인 것처럼 포장해 판매했습니다. 독일 검찰이 이 사실을 밝히면서 전 세계가 깜짝 놀란 사건이 되었습니다. 이에 영국은 아예 광고기관이 매주 그린워싱이나 소셜워싱 사례를 적발해 공개하고, 미국은 증권 관련 기구가 전담팀을 꾸려 'ESG', 'Green' 같은 단어 남용을 단속합니다. 우리나라는 환경부가 녹색분류체계(Taxonomy)를 만들어 '소비자 오도 가능성 있는 표현이나 문구'를 기준으로 잡아가고 있고요.

문제는 데이터 없이 단어만 쓰는 경우예요. 특히 유아용품이 심각했습니다. '친환경', '유기농'이라는 단어를 과장해 붙이는데, 실제로는 어떤 데이터도 없는 경우가 많았죠. 엄마들이 '아기에게 좋은 거겠지' 하고 믿게 되는데, 사실상 워싱에 가깝습니다. '나는 친환경적으로 노력하고 있다'는 근거가 없는데 단어만 쓰는 거죠.

사회　현장에서 기업들은 이 문제를 어떻게 느끼나요?

유혁균　워싱은 기업 입장에서 엄청난 리스크입니다. 겉으로만 포장하
다 적발되면 신뢰는 한 번에 무너집니다. 결국 중요한 건 '데이
터'예요. 온실가스를 실제로 얼마나 줄였는지, 직원과 협력사
가 존중받고 있는지, 그 성과를 외부에 공개할 수 있는지. 이게
없으면 아무 의미가 없습니다.

　　　　LG화학만 봐도 내부적으로는 데이터를 모으고 관리하는 체계
를 엄청 강조합니다. 숫자가 없으면 보고할 수 없고, 보고할 수
없으면 시장에서 외면받습니다. 한때는 'ESG 등급'이라는 성
적표를 받는 것만으로 끝났다면, 이제는 그 등급을 뒷받침할
증거가 있느냐가 더 중요해진 거죠. 워싱은 단순한 홍보 실패

가 아니라 생존을 위협할 수 있는 위험 요소입니다.

사회 **소비자들은 어떤 반응을 보이나요?**

정석환 굉장히 즉각적입니다. ESG에 어긋난 행위를 하면 온라인에서 '불매' 여론이 바로 터져 나옵니다. 반대로 어떤 브랜드가 옳은 선택을 하면 '돈쭐 내주자'는 말이 나와요. '돈으로 혼쭐내주자', 그러니까 응원하는 의미로 일부러 소비를 해주는 거죠.

그리고 생활 속에서도 '이게 진짜 친환경 맞아?'라는 대화가 엄청 많아졌습니다. 예를 들어 텀블러나 에코백이 과연 친환경인가 하는 논쟁이 있어요. 일회용 컵 대신 텀블러 사용을 권장하지만 너무 많은 텀블러를 찍어내는 것 아닌가, 또 에코백 하나를 만드는 것에도 탄소배출량이 만만치 않은데 그만큼 자주 사용을 하는가. 이런 대화가 데이터상에서도 많이 보였습니다.

기업이 아무리 포장해도 소비자는 금세 간파합니다. 예전 같으면 그냥 넘어갔을 일을 이제는 SNS에서 공유하고, 캠페인화하고, '워싱 아니냐'며 따지는 문화가 생긴 거예요. 소비자의 눈높이가 그만큼 올라갔다는 뜻입니다.

사회 **정리하자면 '말로만 초록'이 아니라, 실제로 측정하고 공개할 수 있는 증거가 신뢰의 핵심이군요. 기업도, 소비자도 모두 같은 기준을 요구하는 시대가 온 것 같습니다.**

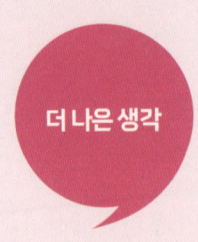

더 나은 생각

도이체방크 DWS 사건, 말뿐인 ESG'의 대가

2022년 5월, 독일 검찰은 도이체방크(Deutsche Bank)의 자회사 DWS를 전격 압수수색했습니다. 이유는 'ESG 펀드'로 광고한 상품들이 실제로는 ESG 기준을 제대로 충족하지 않았다는 그린워싱(greenwashing) 의혹이었어요.

사건의 시작은 내부 제보였습니다. DWS의 전직 임원이 "회사가 ESG 투자를 실제보다 과장하고 있다"고 폭로했고, 이후 독일 검찰과 미국 증권거래위원회(SEC)가 동시에 조사를 진행했습니다.

2023년 9월, 미국 증권거래위원회(SEC)는 DWS에 총 2500만 달러(약 340억 원)의 벌금을 부과했습니다. 허위 ESG 홍보와 자금세탁방지 미비가 함께 적발된 결과였죠. 이어 2025년 4월, 독일 프랑크푸르트 검찰도 DWS에 2500만 유로(약 370억 원)의 벌금을 부과하며 수사를 마무리했습니다. ESG 투자 1위 브랜드로 불리던 DWS가 두 나라에서 연달아 제재를 받은 건 큰 충격이었습니다.

이 사건을 계기로 독일 정부는 ESG 광고 문구 가이드라인을 마련해 '그린' '친환경' 같은 단어 사용을 엄격히 제한하기 시작했답니다.

10대를 위한 대담한 ESG 이야기

'넷제로 2050'과 기업의 선택

사회 '넷제로(Net Zero)'라는 말을 요즘 언론에서 자주 접하지만, 여전히 낯설고 어렵습니다. 왜 그렇게 중요한 걸까요? 또 왜 하필 2050이라는 연도가 기준이 되는 걸까요?

이은경 UN 차원의 접근은 철저히 과학 기반입니다. 과학자들이 분석하기에 2050년까지 탄소중립을 달성하지 못하면 지구 평균 온도 상승폭이 1.5℃를 넘어설 위험이 큽니다. 그렇게 되면 생태계와 인류에 감당하기 힘든 위기가 닥칠 수 있죠. 그래서 국가와 기업 모두에게 2050년 목표를 제시하고, 중간 단계로 2030 같은 달성 목표를 두도록 권고하는 겁니다.

EU는 이미 2030년까지 55%, 2040년까지 90% 이상 감축이라는 야심 찬 목표를 세우고 '유럽 그린딜' 같은 정책을 실행 중입니다. 미국도 기후 공시 의무화 등, 기업이 환경 관리를 얼마나 하고 있는지 반드시 공개하도록 제도를 강화하고 있습니다. 결국 ESG는 자발적 선택이 아니라, 규제화되고 제도화되는 흐름으로 가고 있다고 보시면 됩니다.

사회 **기업 입장에서는 어떻게 받아들이고 있나요?**

유혁균 넷제로는 피할 수 없는 거대한 흐름입니다. 이 흐름을 거스르는 기업은 생존 자체가 위협받을 수 있다고 생각합니다. LG화

지구 생태계를 지킬 수 있는 마지노선 1.5℃

학도 2050년 넷제로를 공식 목표로 세우고 있습니다. 구체적으로는 충남 대산 공장의 재래식 석유화학 보일러 장비를 친환경 바이오 발전 장비로 전환하는 투자를 진행했고, 국내 민간기업 최대 규모의 풍력 발전 장기 계약도 체결했습니다.

또 하나는 플라스틱 문제 해결인데요. 저희는 자연적으로 분해되거나 기계적·화학적 재활용이 가능한 기술을 활용해 플라스틱을 다시 원료로 되살리는 활동을 하고 있습니다. 이 일련의 친환경 기술과 제품을 묶어서 '렛제로(LETZero)'라는 브랜드로 운영 중입니다. 단순히 사업장이 아니라, 제품과 브랜드까지 ESG 관점에서 전환하려는 거죠.

사 회 그렇다면 '1.5℃'라는 숫자가 왜 중요한지도 짚어주실 수 있을

우리 기업의 목적은 "이해관계자들의 행복"

까요?

유혁균　2100년까지 지구 평균 온도 상승폭을 1.5℃ 이내로 억제한다
　　　는 게 목표입니다. 그런데 2℃로 올라가면 상황이 급격히 악
　　　화됩니다. 해수면 상승으로 피해를 보는 인구가 1000만 명 더
　　　늘어나고, 동식물의 서식지를 잃는 비율도 두 배 이상 증가합
　　　니다. 산호초의 경우, 1.5℃에서는 70~90% 소멸할 수 있지만,
　　　2℃에서는 99% 이상이 사라질 수 있다는 분석이 있습니다. 아
　　　주 작은 숫자 차이가 생태계에는 치명적이라는 거죠. 그래서
　　　2050년 탄소중립을 반드시 달성해야 한다는 겁니다.

사회　　말씀을 듣다 보니 기업 노력만으로는 어려울 것 같다는 생각이
　　　드네요. 실제 현장에서는 어떤가요?

이은경 솔직히 녹록지 않습니다. 기술 발전의 속도가 뒷받침되어야 하고, 시민사회의 감시도 필요합니다. 규제 당국이 명확한 기준을 제시해야 하고, 국가 간 무역 장벽도 함께 풀어야 하죠. 결국 선언을 넘어서 실질적인 이행으로 나아가야 하고, 더 많은 협력과 공유가 필요합니다. 넷제로는 한 조직의 과제가 아니라, 전 지구적 차원의 집단적 과제라는 걸 잊으면 안 됩니다.

사회 '생존의 조건'이라는 표현이 과장이 아닌 것 같습니다. 기업, 사회, 국제사회가 동시에 발걸음을 맞추지 않으면 결코 달성할 수 없는 목표라는 걸 다시 한번 느끼게 되네요.

말하지 않아도 '기본값'이 되는 ESG

사회 앞으로 ESG는 어디로 갈까요? 단순한 유행어가 아니라 우리 삶의 일부가 될 수 있을까요?

정석환 '혼밥'이라는 단어를 떠올려보세요. 초기에는 낯선 신조어였지만, 이제는 굳이 설명하지 않아도 다들 아는 생활어가 됐죠. ESG도 마찬가지입니다. 최근 언급량이 조금 줄어들긴 했지만, 이는 관심이 사라진 게 아니라 생활 속에 정착했기 때문이라는 신호일 수 있습니다.

넷제로는 왜 '2050년'일까

'넷제로(Net Zero)'란 지구가 내보내는 온실가스의 양과 흡수되는 양이 같아지는 상태를 말합니다.

숲과 바다, 탄소 포집 기술 등을 통해 "배출한 만큼 다시 줄이는 균형"을 만드는 것이죠. 완전히 배출을 없애는 게 아니라, 더 이상 늘어나지 않게 만드는 상태입니다.

그렇다면 왜 하필 2050년일까요? 유엔 산하 기후변화 정부간협의체(IPCC)는 지구 평균기온이 산업화 이전보다 1.5℃ 이상 상승하면, 기후 재난이 일상이 될 수 있다고 경고했습니다. 지금처럼 배출을 계속하면 2050년쯤 1.5℃ 한계를 넘길 것으로 예측되었기 때문에, 인류는 그때까지 탄소중립을 달성하자고 약속한 것입니다.

1.5℃와 2℃의 차이는 작아 보이지만, 결과는 큽니다.

2℃가 되면 전 세계 1천만 명 이상이 해수면 상승으로 집을 잃고, 산호초의 99%가 사라지며, 식량 생산량이 줄어 기근이 늘어날 수 있습니다. 작은 숫자가 인간의 생존을 가를 수 있는 거죠.

그래서 세계 각국은 2030·2040·2050년으로 이어지는 감축 로드맵을 세우고 있습니다. EU는 2030년까지 온실가스를 55% 감축, 한국도 2050년 탄소중립을 법으로 명시했습니다. 기업들도 자체 목표를 세워 변화에 나서고 있습니다. 2050년은 멀게 들리지만, 그때는 지금의 10대가 사회의 주인공이 되는 시기입니다. 넷제로는 정부나 기업만의 숙제가 아니라, 우리가 함께 지켜야 할 지구와의 약속입니다.

팬덤 문화에서도 신호가 보입니다. 아이돌 콘서트 후에 팬들이 자발적으로 쓰레기를 줍거나, e스포츠 팬덤에서는 '업보 쌓기'라 해서 중요한 경기 때마다 쓰레기를 주우며 '우리 팀이 이길 거다'라는 염원을 담기도 해요. 이유는 제각각이지만 결과는 환경 기여로 모입니다.

그리고 전 연령대에서 러닝·플로깅 같은 흐름이 확산 중입니다. '내가 원래 하던 활동에 친환경적 의미를 조금 얹는다'는 방식이죠. 저는 이 확산이 중요하다고 봅니다. '한 명의 완전한 채식주의자보다 불완전한 채식주의자 열 명이 세상을 바꾼다'는 말처럼, 참여가 많아질수록 변화 속도는 빨라집니다.

사회 **젊은이들이 직장을 선택할 때도 이런 흐름이 중요한가요?**

10대를 위한 대담한 ESG 이야기

정석환 네, 확실히 그렇습니다. 데이터에서도 나타나요. ESG 트렌드를 못 따라가거나 사회적으로 부정적인 이슈가 있었던 기업은 지원자들이 선택하지 않습니다. 연봉·복지만이 아니라 '이 회사가 이 시대의 정서와 가치관이 올바른가'를 보죠. 특히 사회(Social)와 관련된 언급량은 유행과 무관하게 꾸준히 상승하고 있습니다.

정유진 저는 지금 우리 사회에 100점 만점에 30점쯤 주고 싶습니다. 지구도 아프고, 어른도 아이도 몸과 마음이 힘든 시기입니다. 행동하지 않으면 30점은 마이너스가 될 수 있어요.
하지만 '텀블러 쓰세요'라고 강요한다고 사람들이 움직이지는 않죠. 내 마음속에서 시작된 작은 선택이 주변을 변화시킵니다.

ESG 경영의 모든 영향력을 의미하는 'ESG 임팩트'

무엇보다 제가 현장에서 깨달은 건, 어려운 아이 곁에 '좋은 어른 한 명'이 있느냐 없느냐가 여러 문제를 풀 핵심 키라는 사실입니다. 지지와 포용의 체계가 있을 때 아이들도 성장하고, 사회도 회복할 수 있습니다.

유혁균 저는 두 아이 아빠입니다. 앞으로 닥칠 기후 위기 속에서도 제 아이들이 위협받지 않고 안전하게 살 수 있길 바랍니다. 그래서 기후변화를 완화하는 일에 제 역할을 다하고 싶습니다. 기업에서의 실무뿐 아니라, 개인적으로도 이건 아버지로서의 사명이라고 생각합니다.

이은경 지난 몇 년간 ESG '광풍'이라는 말이 나올 정도로 큰 관심이 이어졌습니다. 하지만 이제는 선언을 넘어 실질적 행동으로 가야 합니다. 행동이 쌓여야 진짜 ESG가 정착될 수 있습니다.

사회   오늘 네 분과의 대화를 통해 확인했습니다. 사회 안전망에 대한 간절함, 워딩이 아닌 데이터의 시대, **2050**과 **2030**이라는 과학 기반의 목표, 그리고 말하지 않아도 일상에서 이어지는 작은 실천들. **ESG**는 이제 단순히 기업 보고서의 한 칸이 아니라, 우리의 선택과 미래를 바꾸는 대화임을 알게 되었습니다.

독자 여러분도 각자의 자리에서 '작은 새로고침'을 함께 실천해 보시면 어떨까요?

기업은 왜 ESG를 외칠까?

- 고윤주 LG화학 CSSO 전무

"ESG는 일시적인 유행이 아닙니다. 기업이 장기적으로 살아남기 위해 꼭 필요한 기본 전략입니다."

LG화학 최고지속가능전략책임자(CSSO) 고윤주 전무는 단호하게 말했습니다. 그는 30년 가까이 외교관으로 일하다 기업으로 자리를 옮긴 독특한 이력을 가지고 있죠. 국제 무대에서 수많은 변화를 지켜본 그는 ESG를 정치적 상황이나 경기 불황에 흔들리지 않는 '큰 흐름'으로 바라보고 있습니다.

"돈만 잘 벌면 되는 시대는 지났다"

Q **ESG가 정말 그렇게 중요합니까?**

A 예전에는 경제적 가치만으로 기업이 성장할 수 있었죠. 하지만 이제는 환경과 인권, 다양성과 같은 사회적 가치가 함께 요구됩니다.

기후변화에 대응하는 제품을 만들고, 인권을 존중하는 문화를 지닌 기업만이 세계 소비자와 시민단체의 선택을 받을 수 있습니다.

💬 기업의 성적표는 더 이상 단순한 매출과 이익이 아니다. ESG는 새로운 기본값(default)이다.

Q 기업이 ESG를 추진하는 데 가장 어려운 점은 무엇일까요?

A 환경과 사회적 가치를 지키면서도 수익을 내야 합니다. 석유화학 경기 침체와 지정학적 리스크로 사업 부서가 단기 이익에 매달리기 쉽죠. 하지만 장기적 시각에서 균형 있게 의사결정을 내리는 것이 핵심입니다.

💬 고 전무가 꼽는 ESG의 과제는 단순하다. 경제적 가치와 사회적 가치의 균형.

Q 그렇다면 해법은 무엇일까요?

A 첫째는 시장 조성입니다. 재활용률 의무화, 재활용 제품 보조금 같은 정책이 뒷받침되어야 합니다. 그래야 기업도 투자를 지속할 수 있어요. 둘째는 파트너십입니다. 혼자서는 감당할 수 없는 과제를 산업과 산업, 정부와 기업이 함께 풀어야 합니다.

💬 그는 포스코와 함께 진행한 이산화탄소 포집·활용 프로젝트를 예로 들었다. "화학회사가 단독으로 포집하려면 비용이 막대합니다. 하지만 철

강 공정과 협력하면 효율도 높아지고 비용도 줄일 수 있습니다. 이런 방식이야말로 ESG를 현실로 만드는 길이죠."

Q ESG 리더를 꿈꾸는 청소년에게 조언을 해주신다면요?

A 하늘에는 언제나 북극성이 있습니다. 우리는 북극성을 보며 방향을 인지하고 가야 할 길을 걷지요. 지속가능성과 함께하는 ESG는 북극성처럼 우리 기업이 가는 길을 인도하는 길잡이입니다. 우리 청소년들도 자신의 북극성을 바라보고, 더 나은 미래를 위해 꾸준히 걸어갔으면 좋겠습니다.

💬 인터뷰를 마무리하며 그는 다시 한 번 강조했다.

A 경제 여건이 어려울수록 기업이 지켜야 할 원칙은 더욱 분명해집니다. ESG는 선택이 아니라, 기업이 장기적으로 살아남고 성장하기 위한 기본 경영 방식입니다. 단기 성과에 매몰되지 않고, 지속가능성을 향한 철학을 구성원 모두가 공유할 때 ESG는 기업 혁신의 동력이 됩니다.

왜 LG화학은 포스코와 손잡았을까?

LG화학은 2025년 포스코와 뜻밖의 협력 프로젝트를 시작했다. 화학회사와 철강회사가 함께할 이유가 무엇일까? 해답은 '이산화탄소'에 있다.

포항제철소에서는 철강을 만드는 과정에서 고농도의 이산화탄소가 쏟아져 나온다. 보통은 그냥 대기로 배출되는 이 가스를 LG화학이 가진 '메탄건식개질(DRM)' 기술과 결합하면, 놀랍게도 저탄소 환원제와 연료로 바꿀 수 있다.

LG화학 혼자서는 이산화탄소를 대량으로 확보하기도, 그만한 비용을 감당하기도 어렵다. 반대로 포스코는 막대한 이산화탄소를 줄이는 과제가 절실하다. 두 기업의 필요가 맞아떨어지면서 "배출가스가 새로운 자원으로 변하는 실험실"이 만들어진 것이다.

고윤주 전무는 이렇게 설명했다. "화학회사가 단독으로 포집하려면 비용이 막대합니다. 하지만 철강 공정과 협력하면 효율적이고 비용도 줄일 수 있죠. 이런 방식이야말로 ESG 경영을 현실로 만드는 해법입니다."

이 프로젝트는 단순히 두 기업의 협력 사례를 넘어, 산업 간 파트너십이 ESG를 가능하게 한다는 대표적 사례로 꼽힌다.

환경과 기후

- **탄소중립(Carbon Neutral)**

우리가 배출한 온실가스만큼 줄이거나 흡수해서, 결과적으로 '0'이 되는 상태예요. 학교나 도시, 기업도 스스로 목표를 세워 에너지 절약·재활용·나무 심기 같은 방법으로 실천합니다.

- **재생에너지(Renewable Energy)**

태양, 바람, 물, 지열처럼 자연에서 반복적으로 얻을 수 있는 에너지예요. 석탄이나 석유처럼 한 번 쓰면 사라지는 자원과 달리, 지구를 해치지 않고 계속 사용할 수 있습니다.

- **순환경제(Circular Economy)**

'만들고-쓰고-버리는' 대신, '고치고-다시 쓰고-나누는' 방식이에요. 버려진 물건을 자원으로 다시 활용해 쓰레기를 줄이고, 지구와 경제 모두 지속 가능하게 만듭니다.

- **탄소발자국(Carbon Footprint)**

내가 사용하는 전기, 음식, 교통 등이 만들어내는 온실가스 양이에요. 한마디로 '내 일상이 지구에 남기는 발자국'이죠.

- **탄소상쇄(Carbon Offset)**

줄이기 어려운 탄소를 다른 방법으로 보상하는 거예요. 예를 들어 비행기를 탈 때 배출된 탄소만큼 나무를 심거나, 재생에너지 프로젝트를 지원해 그만큼을 상쇄할 수 있습니다.

- **녹색기술(Green Technology)**

환경오염을 줄이고 자원을 효율적으로 사용하는 기술이에요. 태양광 패널, 전기차, 페플라스틱 재활용 기술처럼 미래산업의 핵심으로 주목받고 있습니다.

- **탄소세(Carbon Tax)**

탄소를 많이 배출한 기업에게 부과하는 세금이에요. 배출량이 많을수록 비용이 커지니, 자연스럽게 '덜 배출하자'는 행동으로 이어질 수 있어요.

- **기후리스크(Climate Risk)**

기후변화로 생길 수 있는 위험을 말해요. 폭염·홍수 같은 물리적 피해뿐 아니라, 새로운 규제나 시장 변화로 생기는 경제적 위험도 포함됩니다.

사람과 사회

- **공정무역(Fair Trade)**

  물건을 만든 사람이 정당한 대가를 받을 수 있도록 돕는 거래 방식이에요. "값싼 노동 대신, 정직한 거래로 함께 살자"는 약속이죠.

- **DEI(Diversity, Equity, Inclusion)**

  '다양성·형평성·포용'을 뜻하는 말이에요. 성별, 나이, 인종, 장애, 문화가 달라도 모두 존중받고 참여할 수 있는 사회를 만들자는 가치예요.

- **인권실사(Human Rights Due Diligence)**

  기업이 제품을 만들거나 서비스를 제공할 때, 인권침해가 없는지 확인하는 절차예요. 노동환경, 아동노동, 차별 문제 등을 꼼꼼히 살피는 거죠.

- **정의로운 전환(Just Transition)**

  기후 위기대응 과정에서 일자리를 잃거나 지역이 소외되지 않도록 지원하는 개념이에요. 예를 들어 석탄산업이 줄어드는 지역에 새 일자리를 만드는 정책이 여기에 해당합니다.

- **책임소비(Responsible Consumption)**

  '싼 게 최고' 대신, '이 물건이 어떻게 만들어졌을까?'를 먼저 생각하는 소비예요. 환경과 사람을 함께 고려하는 소비 태도를 말합니다.

- 윤리경영(Ethical Management)

법과 도덕을 지키며 정직하게 일하는 경영방식이에요. 거짓 광고를 하지 않고, 투명하게 결정하는 것이 핵심입니다.

경영과 투자

- 이해관계자(Stakeholder)

조직의 결정에 영향을 주거나 받는 모든 사람을 뜻해요. 기업이라면 직원·고객·투자자·지역사회가, 학교라면 학생·교사·학부모를 주요 이해관계자로 볼 수 있어요.

- 이중중대성(Double Materiality)

'기업이 세상에 끼치는 영향'과 '세상이 기업에 끼치는 영향'을 함께 봐야 한다는 원칙이에요. 이 개념은 ESG 보고서의 기본이 됩니다.

- ESG 공시(ESG Disclosure)

기업이 환경(E), 사회(S), 지배 구조(G)에 관한 활동과 성과를 공개하는 거예요. 소비자와 투자자는 이 정보를 보고 그 기업이 얼마나 책임감 있게 운영되는지 판단합니다.

- 임팩트투자(Impact Investing)

돈을 벌면서 사회에도 좋은 영향을 주는 투자예요. 예를 들어, 장애인 고용기업, 친환경 스타트업, 사회적 기업 등에 투자하는 걸 말해요.

- **녹색금융(Green Finance)**

환경보호나 탄소 감축에 도움이 되는 사업에 자금을 지원하는 금융이에요. 은행이 재생에너지 프로젝트나 전기차 산업에 대출을 해주는 것이 대표적인 예입니다.

- **그린워싱(Greenwashing)**

'친환경인 척'하는 거짓 홍보활동을 말해요. 실제로는 환경에 도움이 되지 않는데, '에코', '그린' 같은 말로 포장하거나 불분명한 표현으로 착한 이미지처럼 보이게 만드는 걸 뜻합니다.

대담해의 다음 이야기

"우리 사회는 정말 건강할까?"

이 질문에서 '대담해'는 시작됐습니다.

저는 '대담해'의 진행자로서, 지금까지 환경·기후, 다문화, 정신건 강, 난임, 빗물, 나눔, 장애, 생태계 등 다양한 이야기를 가진 사람들을 만나왔습니다. 처음엔 '기업이 이런 이야기를 다뤄도 될까?' 하는 의문 이 있었지만, 시간이 지나며 확신이 생겼어요. 세상의 문제를 외면하지 않고 마주보는 것, 그 자체가 변화의 시작이라는 확신이요.

'대담해'는 기업의 사회공헌 콘텐츠로 출발했지만, 지금은 '함께 고 민하는 사람들의 공론장'이 되었습니다. 제가 만난 사람들은 하나같이 "누군가의 문제를 내 일처럼 생각하는 힘"을 보여줬습니다. 그게 ESG 의 본질 아닐까요?

ESG(Environmental·Social·Governance)라는 말은 어려워 보이지만, 사 실 우리가 매일 하는 선택과도 닿아 있습니다.

환경(E)은 쓰레기를 줄이고 지구를 아끼는 일,

사회(S)는 서로를 배려하는 태도,

지배구조(G)는 약속을 지키고 공정하게 행동하는 습관이에요.

거창한 프로젝트보다, 매일의 작은 실천이 세상을 바꾸는 진짜 힘입니다.

2016년, 뉴욕에서 열린 UNGC 글로벌 리더스서밋에서 전 세계 사람들이 지속가능발전목표(SDGs)를 두고 열띤 토론을 벌이는 모습을 본 적이 있습니다. 언어도, 문화도 달랐지만 모두의 마음속엔 같은 질문이 있었습니다.

"우리는 어떤 미래를 만들고 싶은가?"

그 질문이 오늘의 저를, 그리고 '대담해'를 이끌어왔습니다.

이 책이 여러분에게 작은 씨앗이 되었으면 합니다.

당장 세상을 바꾸지 않아도 괜찮아요.

다만, "왜?"라고 묻는 용기,

그리고 "함께 바꿔보자"는 마음만은 잊지 않길 바랍니다.

여러분이 던지는 질문이 또 다른 '대담해'를 만들어낼 거라 믿습니다.

건강한 사회를 위한 대담한 이야기,

'대담해'는 앞으로도 계속됩니다.

— 유튜브 〈대담해〉 진행자 이영준 드림